루터의 기도생활 안내서

루터와 기도한다

마틴 루터 지음 | 권진호 번역·해설

루터의 기도생활 안내서
루터와 기도한다

지은이   마틴 루터
번역/해설   권 진 호
초판발행   2019년 8월 30일

펴낸이   배용하
책임편집   이승호

등록   제364-2008-000013호
펴낸 곳   도서출판 대장간
    www.daejanggan.org
등록한 곳   충청남도 논산시 가야곡면 매죽헌로1176번길 8-54

분류   기독교 | 신앙 | 기도
편집부   전화 (041) 742-1424
영업부   전화 (041) 742-1424 · 전송 0303 0959-1424
ISBN   978-89-7071-492-9 03230

 값 10,000원

종교개혁자 마틴 루터는 기도의 사람이었다. 기록에 따르면, 그는 하루에 세 시간 이상씩 기도했으며 바쁠수록 더 많이 기도한 것으로도 유명하다. 또한 자신의 경험에 비추어 참된 신학자가 되는 방법으로 기도, 묵상, 시련을 언급할 정도로 기도는 그의 경건과 신학의 토대였다.

그리스도인이라면 바르게 기도해야 하고, 어떻게 기도해야 하는지 끊임없이 배워야 한다. 이것은 기도가 개인적인 독백이나 기복적인 기도와 같은 잘못된 기도가 되지 않도록 하기 위함이다. 잘못된 기도, 이것이야말로 사단이 원하는 바일 것이다. 루터에 따르면, 기도는 신앙생활의 능력이고 매일의 삶 속에서 사단과 맞서 싸우는 힘이다. 역자는 기도와 구원이 밀접한 관련이 있다는 확신을 갖고 바른 기도에 관해 연구하게 되었다. 그러던 중 루터의 기도 소책자 『간단히 기도하는 법, 이발사 피터를 위해』라는 작품을 접하게 되었다. 이 책은 루터의 오랜 친구이자 이발사인 피터 베스켄도르프Peter Beskendorf의 부탁으로 저술한 기도 안내서이다. 루터는 이 책자로 친구와 모든 그리스도인에게 자신의 기도 생활에 근거하여 기도에 대한 안내와 도움을 주고자 하였다.

주기도문, 십계명, 사도신경을 바탕으로 기도한다는 사실은 매우 인상적이었다. 루터는 이 세 가지 내용을 근거로 기도하는 법을 쉽게 설명하고 있다. 칼빈 역시 십계명, 사도신경, 주기도문에 대한 강해를 『기독교 강요』 초판의 핵심내용으로 삼았다. 이처럼 개신교의 양대 산맥을 이룬 두 사람 모두 기독교의 기본 가르침, 기독교 믿음의 기본이 바로 십계명, 사도신경, 주기도문임을 익히 알고 있었다. 오늘날 한국교회에서는 다른 것들에 가려 이 내용을 놓치고 있는 것은 아닌가 싶다. 아니, 이것들이 중요하다는 것은 알고 있지만, 그 중요성을 실제로 맛보지 못하고 있다고 해야 옳을 것이다. 루터의 기도 작품을 연구하면 할수록 바른 기도의 회복이 한국교회의 영적 성장과 부흥에 도움이 될 수 있으리라는 확신이 든다. 또 그것이 이 기도 소책자를 번역하게 된 동기이기도 하다.

　루터의 책을 바르게 이해하기 위해서는 먼저 십계명, 사도신경, 주기도문 세 가지 항목에 대한 쉽고도 분명한 이해가 필요하다. 루터의 『소교리문답』 *The Small Catechism*의 십계명, 사도신경, 주기도문의 소개가 이 목적에 부합할 것이다. 잘 알려진 것처럼, 『소교리문답』은 가장이 가정에서 가족들에게 그리스도인이 알아야 하는 구원에 관한 가르침, 즉 기독교의 기본진리를 간단하게 가르치기 위한 것이다. 루터는 이것을 매일 읽어 암송할 정도로 가까이할 것을 강조하였다. 이것이 우리 믿음의 토대가 되기 때문이다. 또한 루터의 『소교리문답』이 기도를 위한 책이라는 사실을 고려할 때, 그 안에 담겨 있는 십계명, 주기도문, 사도신경에 대한 이해를 먼저 살피는 것은 루터가 말하는 바른 기도를 이해하는데 분명 도움이 될 것이다.

끝부분에는 그리스도인이 매일 드려야 할 기도의 모범을 제시하고자 루터의 『소교리문답』에 있는 매일 기도를 번역하였고, 기도의 의미를 잘 보여주는 루터의 설교 한편을 부록으로 실었다.

이 책이 나오기까지 감사해야 할 분들이 있다. 먼저, 목원대학교 신학생들에게 고마운 마음을 전한다. 복음적인 신학을 지향하며 신학과 영성을 겸비한 한국교회 지도자들이 되기 위해 배움에 매진하는 신학생들이 없었다면 이 책은 나오지 못했을 것이다. 이 책을 통해 신학생들이 더욱 기도에 대한 열정을 갖고 복음적인 기도와 그 능력을 체험하게 되기를 간절히 소원한다. 또한 박사과정에 있는 학생들도 루터의 기도방법에 관심을 갖고 배움에 임하였고 이것을 목회현장과 교회 생활에 어떻게 적용해야 할지 여러 의견을 주었다. 그리고 전문가의 눈으로 교정을 도와준 박보

영 권사님과, 꼼꼼한 교정과 좋은 의견으로 큰 도움을 준 제자 고
길현 전도사와, 루터의 기도방법에 관심을 갖고 여러모로 도움을
준 동역자들에게 감사의 마음을 전한다. 마지막으로, 부족한 아
들을 위해 늘 기도하고 후원해 주시는 부모님께 감사를 전하며 그
분들에게 이 책을 바친다.

　오늘날 한국교회에서 기도운동이나 기도 프로그램 등이 많은
이들의 관심 속에 진행되고 있다. 이것은 매우 고무적이고 기쁜
일이다. 역자가 기도에 관한 루터의 가르침을 통해 배우고 깨닫
게 된 것은 기도는 가르쳐야 하고 배워야 한다는 사실이다. 기도
는 그냥 하면 된다는 선입견과 달리, 우리는 바르게 기도하는 법
을 배워야 한다. 그러하기에 기도에 대한 가르침과 훈련이 필요
하다. 기도에 대한 루터의 구체적인 가르침이 이를 위한 적절한
안내서가 될 것이다. 이 책이 한국교회와 그리스도인들에게 기독
교의 기본진리를 알게 하고 믿음의 성숙을 가져다주기를 간절히
기도하며, 또한 모든 그리스도인이 바른 기도방법으로 매일 기도
하여 그 능력을 체험하기를 간절히 소망한다.

2019년 8월 **권진호**

마틴 루터가 가르쳐 주는 '바르게' 기도하는 방법

세계사적으로 교회의 시작과 부흥은 기도로부터 시작되었습니다. 한국교회의 시작과 부흥도 그렇습니다. 하나님과 교회를 사랑하는 성도님들의 숨은 기도! 그 기도 속에서 우리의 교회는 뿌리를 내렸고 성장하였으며 부흥의 횃불을 들어 올렸습니다.

그러나 최근 한국교회는 침체되고 있습니다. 기도의 불꽃이 꺼져가는 안타까운 상황을 우리는 보게 됩니다.

간절히 소망하기는 하나님을 향한 뜨거운 호흡, 하나님과의 충만한 대화, 기도가 다시 살아나기를 원합니다. 저 또한 기도에 전념하라는 성령님의 조명하심 가운데 매일 한 시간씩 기도하는 운동을 펼치고 있습니다. 우리 모든 성도가 이런 기도운동에 동참한다면, 한국교회는 다시 부흥의 불을 밝히고, 하나님이 원하시는 복음적인 교회로 깨어나게 되리라 확신합니다.

"기도 외에 다른 길은 없습니다!"

이 책은 종교개혁자 마틴 루터가 500년 전에 기록한 '기도신학'

이자 '기도생활 안내서'입니다. 초신자인 친구에게 기도하는 방법을 가르쳐주려는 목적에서 집필했기에, 기도에 대해 아주 성경적으로 세밀하게 안내하고 있습니다.

'오직 믿음'을 외쳤던 루터! 그는 우리가 어떻게 기도하기를 원했을까요? 어떻게 기도하면서 하나님께로 나아가기를 원했던 것일까요? 기도로 시대를 밝혀야 할 이 때, 순수와 열정의 종교개혁자 루터의 기도서가 번역 출판되어 많은 이들에게 추천하게 됨을 감사하게 생각합니다.

저는 이 책을 통해서, 주기도문, 십계명, 사도신경을 붙들고 그 한구절한구절을 기억하며 기도하라고 가르치는 루터의 기도 설교를 듣게 되었습니다. 그리고 그에 맞춰 루터 자신이 직접 쓴 기도문들도 읽었습니다.

루터는 기도란 배워야 하는 것이라고 강조하고 있습니다.

그렇습니다! 목회자들은 기도하는 법을 계속 가르쳐야 하고, 성도들은 기도하는 법을 배워야합니다. 매일 시간을 정해 루터의 이 기도문을 펼쳐놓고 기도하시기를 권면합니다. 소그룹이나 가정의 경건기도 모임에서도 펼쳐놓고 기도하는 안내서로 사용하기를 권합니다. 그러는 가운데 저자가 우리에게 가르치고 싶어했던 기도의 방법을 알아가게 되기 원합니다.

　이 책에는 '크게, 오래'가 아니라 '바르게' 기도하는 방법이 나와 있습니다.

　기도하십시오. 믿음으로 돌아가기 원했던 루터의 가르침대로, 신실하신 하나님의 약속을 믿고 기도하는 가운데 능력을 체험할 것이고, 기도하는 가운데 사탄의 궤계는 무너질 것이며, 기도하는 가운데 우리의 교회는 회복될 것입니다.

선한목자교회 **유기성** 목사

1. 성서본문은 개정개역 인용을 원칙으로 하되, 필요한 경우 루터 작품의 의미에 맞게 수정하기도 하였다.

2. 보충설명을 하는 역자주에는 대괄호-[ ], 독자 이해의 편의를 위해 필요한 경우에는 위첨자를 사용하였다. 루터 작품의 번역은 원문의 의미를 사실 그대로 전달하는 것을 원칙으로 하되, 내용상 의미 전달이 어려운 경우 의역하였음을 밝힌다.

3. 이 책에서 사용된 약어는 다음의 문헌을 의미한다.

    WA : Weimarer Ausgabe (루터작품)

    WA TR : Tischreden (탁상담화)

    예를 들어 *WA* 6,10,7이란 루터작품 제6권 10쪽 7번째 줄을 뜻한다.

차례

I

기독교의 기본진리

: 십계명, 사도신경, 주기도문 교리문답

종교개혁이 어느 정도 안정기에 접어들자 루터는 개신교 신앙이 목회자와 평신도에게 깊이 뿌리내리도록 노력했다. 이에 가장 큰 영향을 미친 것이 바로 교리문답敎理問答. Catechism이다.1) 루터의 교리문답은 많은 개신교회 교리의 기초를 제공한다는 점에서 특별한 위치를 차지할 뿐만 아니라, 루터 자신도 『소교리문답』과 『대교리문답』, 그리고 『노예의지론』을 자신의 가장 중요한 작품으로 꼽았다.

루터는 자신의 신학의 기본적인 통찰, 즉 기독교의 복음이 무엇인가에 대한 신학을 교리문답에 요약하여 설명하였다. 그는 『탁상담화』에서 교리문답의 의미와 내용에 대해 다음과 같이 언급하였다.

> 교리문답은 평신도의 성경으로, 여기에는 모든 기독교인이 구원 받는데 필요한 기독교 가르침의 전체 내용이 담겨 있다. 솔로몬의 아가서가 모든 노래 중의 노래이며 모든 찬양 중의 찬양으로 불리는 것처럼, 십계명은 모든 가르침 중의 가르침으로, 이를 통해 우리는 하나님의 뜻, 다시 말해 하나님께서 우리에게 요구하시는 것이 무엇이며 우리에게 부족한 것이 무엇인지를 깨닫게 된다. 기독교 신앙의 거룩한 믿음의 고백[사도신경]

은 모든 역사[이야기] 중의 역사이자 최고의 역사이다. 그 안에는 신적인 위엄을 가진 분이 처음부터 영원까지 우리를 위해 무한히 놀랍게 행하시는 역사가 있다. 다시 말해, 하나님 아버지에 의해 우리와 모든 피조물이 어떻게 창조되었는지, 성자의 성육신, 고난, 죽음 그리고 부활을 통해 우리가 어떻게 구원받았는지, 성령을 통해 우리가 어떻게 거룩한 새로운 피조물이 되고 하나님의 백성으로 부르심을 받은 모든 사람이 어떻게 죄를 용서받고 영원한 복을 누리게 되는지에 관한 역사인 것이다. 주기도문은 모든 기도 중의 기도이며 최고의 교사이신 예수님이 직접 우리에게 가르쳐 준 최고의 기도이다. 주기도문에는 영적인 것과 육적인 걱정거리가 모두 담겨 있다. 이 기도는 영적인 시련과 곤경과 죽음의 순간에 최고의 위로가 된다. 성례전은 하나님 자신이 세우시고 제정하신 최고의 예식이다. 이것으로 하나님께서는 우리에게 그의 은혜를 확증하신다. 우리는 교리문답에 우선순위를 두고 귀하게 여겨야 하며 청소년들에게 열심히 가르쳐야 한다. 교리문답에는 기독교 교회의 전통적이며 바르고 참된 가르침이 요약되어 있기 때문이다. 그리고 교리문답을 거스르는 것은 아무리 혁신적인 것이고 새로운 것으로 보일지라도, 거짓되고 그릇된 가르침으로 여기고 경계해야 한다.[2]

루터에 따르면, 교리문답이야말로 '평신도의 성경'으로서 그리스도인의 믿음에 대한 기초를 제공한다. 그리스도인이라면 반드시 알아야 하고 깨달아야 하는 가르침인 셈이다. 그래서 루터는 교리문답을 '성서의 요약과 발췌'이자, 인간의 구원을 위한 필수적인 가르침의 요약과 핵심이라고 보았다. 루터에게 있어 교리문답의 중심내용은 십계명, 사도신경, 주기도문이다.3) 루터는 1520년에 이 세 가지 주요항목의 내용적인 맥락을 다음과 같이 서술하였다.

> 구원받기 위해서는 다음 세 가지를 알아야 한다. 먼저, 행해야 하거나 그만두어야 할 일이 무엇인지를 알아야만 한다. 둘째, 행해야 하거나 하지 말아야 할 것을 우리 자신의 능력으로는 할 수 없다는 사실을 알게 될 때, 이를 위해 필요한 능력을 어디에서 구하고 찾고 얻어야 하는지 알아야 한다. 마지막으로, 그 능력을 어떻게 구하고 찾을 수 있는지 그 방법을 알아야만 한다.4)

다시 말하면, 십계명은 각자에게 해야 할 것과 멈춰야 할 것이 무엇인지 보여주어 자신의 질병과 죄를 깨닫도록 가르친다. 사도신경은 회개하고자 하는 사람에게 질병과 죄를 치료할 약과 은혜를 '어디에서' 구하고 찾아야 하는지를 보여주어 그것을 찾고 구하도록 가르친다. 주기도문은 그 은혜와 능력을 '어떻게' 얻을 수 있는지를 보여준다.5)

세 항목에 관한 교리문답은 기독교의 신앙에 관한 기본적인 가르침을 알기 쉽게 요약한 것으로 기독교의 순수한 가르침에 해당

한다. 또한 풍성한 삶의 비결이자, 하나님께서 피조물에게 선물로 주신 복된 삶에 이르는 길이다. 그러므로 우리는 십계명, 사도신경, 주기도문을 날마다 배우고 묵상하고, 또한 이것들을 가지고 기도해야 한다. 여기에 적합한 책이 바로 루터의 『소교리문답』이다.6) 역자는 『소교리문답』을 기도의 책으로 보는 플레스J. T. Pless의 의견에 전적으로 동의하며7) 날마다 교리문답을 기도하는 마음으로 읽고 기도하라고 추천하고 싶다. 교리문답을 가지고 기도하는 것이야말로 기독교의 바른 경건 생활이며, 복음에 근거한 기독교인의 삶이기 때문이다. 루터가 『소교리문답』 서문에서 말하듯이, 우리는 『소교리문답』을 매일 반복하여 읽고 배워 암송할 정도가 되어야 한다. 물론 여기에는 그 내용이 무엇인지 이해할 수 있도록 쉽게 설명하고 가르치는 일이 더해져야 한다.

교리문답 교육은 먼저 가정에서 이루어져야 한다. 가정의 신앙을 책임지는 가정의 감독이자 목회자인 가장의 역할이 중요하다. 그러나 교육 전반에 대한 책임은 목회자에게 있다. 루터는 목회자들이 교회 공동체를 복음적인 믿음으로 가르치기 전에 먼저 올바른 기독교의 가르침을 습득해야 할 필요성을 강조하였다. 따라서 목회자들은 교리문답을 집중적으로 연구해야 한다. 교리문답이야말로 목사들의 설교에 중요한 신학적인 근거가 되고 도움이 된다. 그러나 교리문답서는 목회자만의 책이 아니라 평신도를 위한 책이기도 하다. 루터는 교리문답에서 인간의 죄를 보여줄 뿐만 아니라, 동시에 믿음 안에서 죄로부터의 구원을 보여주고 있다. 따라서 교리문답을 배우는 데에는 누구든 예외가 없으며, 그 배움에는 끝이 없다. 교리문답을 익히고 배우는 것의 중요성을 평생 교리문답의 학생으로 머물고자 한 루터의 고백으로 끝맺고자 한다. "비록 나는 신학박사, 설교자일지라도 교리문답을 배우는 어린아이와 학생으로 머물러야 하며 또한 기꺼이 그러고자 한다."

참고 및 추천도서

WA 30I,264–308. 353–378.

*Die Bekenntnisschriften der evangelisch–lutherischen Kirche, im Gedenkjahr der
Augsburgischen Konfession 1930.* Göttingen: Vandenhoeck & Ruprecht,
2010 [Auflage: 13].

"Der Kleine Katechismus." D. Korsch ed. *Deutsch–Deutsche Studienausgabe.
Vol. 1: Glaube und Leben.* Leipzig: Evangelische Verlagsanstalt, 2012,
571–597.

T. J. Wengert. "The Small Catechism." M. J. Haemig ed. *The Annotated Lu-
ther. Vol. 4: Pastoral Writings.* Minneapolis: Fortress Press, 2016, 201–
252.

마르틴 루터/ 최주훈 역.『대교리문답』. 서울: 복있는사람, 2017.

마르틴 루터/ 최주훈 역.『소교리문답·해설』. 서울: 복있는사람, 2018.

존 칼빈/ 양낙흥 역.『기독교강요. 1536년 초판』. 서울: CH북스, 2018.

권진호. "대교리문답."「목회와 신학」. 2017. 10, 130–139.

1. 십계명[8)]

가장이 가정에서 십계명을 아주 간단하게 가르치는 법

| 제1계명 | 너는 나 외에는 다른 신들을 네게 두지[가지지] 말라. |

▌이것은 무슨 뜻입니까?

　　대답: 모든 것보다 하나님을 더 두려워하고 사랑하고 신뢰해야 한다는 뜻입니다.

제2계명 | 너는 네 하나님 여호와의 이름을 망령되게[헛되이]
부르지 말라.

❙ 이것은 무슨 뜻입니까?

　　대답: 하나님을 두려워하고 사랑하여[하나님을 두려워하고
　　　　사랑함으로][9] 하나님의 이름으로 저주하거나 맹세하
　　　　거나 사술邪術을 부리거나[10] 거짓말하거나 속이지 말
　　　　고, 모든 어려움 가운데서도 하나님의 이름을 부르고
　　　　[의지하고] 기도하며, 하나님을 찬양하고 감사하라는
　　　　뜻입니다.

제3계명 | 안식일을 기억하여 거룩하게 지키라.

❙ 이것은 무슨 뜻입니까?

　　대답: 하나님을 두려워하고 사랑하여 설교와 하나님의 말씀
　　　　을 소홀히 여기지 말고[11], 오히려 그 말씀을 거룩하게
　　　　여기고 즐거이 듣고 배우라는 뜻입니다.

제4계명 | 네 부모를 공경하라.

｜ 이것은 무슨 뜻입니까?

　　대답: 하나님을 두려워하고 사랑하여 부모와 윗사람을 업신
　　여기거나 노하게 하지 말고, 오히려 그들을 공경하고
　　섬기고 순종하고 사랑하고 소중히 여기라는 뜻입니
　　다.

제5계명 | 살인하지 말라.

｜ 이것은 무슨 뜻입니까?

　　대답: 하나님을 두려워하고 사랑하여 이웃의 몸[삶]에 해를
　　가하거나 괴롭게 하지 말고, 오히려 이웃이 삶의 모든
　　곤경 가운데 있을 때 그를 도와주라는 뜻입니다.

| 제6계명 | 간음하지 말라.

| 이것은 무슨 뜻입니까?

　　대답: 하나님을 두려워하고 사랑하여 말과 행동에 있어 순결
　　　　하고 정숙하게 살아야 하고 각자 자신의 배우자를 사
　　　　랑하고 존경하라는 뜻입니다.

| 제7계명 | 도둑질하지 말라.

| 이것은 무슨 뜻입니까?

　　대답: 하나님을 두려워하고 사랑하여 이웃의 돈이나 재산을
　　　　취하거나 부정한 방법으로 빼앗지 말고, 오히려 이웃
　　　　이 재산과 수입을 늘리고 유지할 수 있도록 도우라는
　　　　뜻입니다.

제8계명 | 네 이웃에 대하여 거짓증거를 하지 말라.

▌이것은 무슨 뜻입니까?

대답: 하나님을 두려워하고 사랑하여 이웃을 허위로 기만하
거나 배신하거나 그에 대해 나쁘게 뒷말하거나 험담
하지 말고, 오히려 그를 변호하고 칭찬을 하며, 이웃
을 위한 모든 일에 최선을 다해야 한다는 뜻입니다.

제9계명 | 네 이웃의 집을 탐내지 말라.

▌이것은 무슨 뜻입니까?

대답: 하나님을 두려워하고 사랑하여 이웃의 유산이나 집을
술수를 써서 취하거나 법적인 문서를 내세워 빼앗지
말고, 오히려 이웃이 이것을 지킬 수 있도록 도우며 섬
겨야 한다는 뜻입니다.

제10계명 네 이웃의 아내나 남종이나 여종이나, 그의 소나 그의 모든 소유를 탐내지 말라.

이것은 무슨 뜻입니까?

대답: 하나님을 두려워하고 사랑하여 이웃의 아내나 종이나 가축을 빼돌리거나 외면하거나 이간질하여 빼앗지 말고, 오히려 그들이 주어진 자리에서 의무를 다할 수 있도록 해야 한다는 뜻입니다.

그렇다면 하나님께서 이러한 모든 계명을 통해 말씀하고자 하시는 것은 무엇입니까?

대답: 하나님께서 말씀하십니다. "나, 주 너의 하나님은 질투하는 하나님인즉, 나를 미워하는 자들에 대해서는 부모의 죄가 자녀 삼사대까지 이르지만, 나를 사랑하고 내 계명을 지키는 자들에게는 천대까지 은혜를 베푸느니라." 출 20:5-6; 신 5:9-10

▌이것은 무슨 뜻입니까?

대답: 하나님께서는 이 계명을 지키지 않는 이들을 벌하시겠
다고 경고하십니다. 그러므로 하나님의 진노를 두려
워하고 이 계명을 어기지 말아야 한다는 뜻입니다. 하
나님께서는 이 계명을 지키는 모든 자에게 은혜와 모
든 좋은 것을 주시겠다고 약속하십니다. 그러므로 이
것은 하나님을 사랑하고 신뢰하고 그분의 계명을 즐
거이 지켜야 한다는 뜻입니다.

2. 사도신경 [믿음][12]
가장이 가정에서 사도신경을 간단하게 가르치는 법

첫째 조항 **창조에 관하여**

전능하사 천지를 만드신 하나님 아버지를 내가 믿사오며.

▌이것은 무슨 뜻입니까?

대답: 하나님께서 나와 모든 피조물을 창조하셨고, 내게 육체와 영혼, 눈과 귀와 모든 신체 부분, 그리고 이성과 모든 감각을 주시고 보존케 하시며, 또한 옷과 신발, 음식과 마실 것, 가옥과 농토, 배우자와 자녀, 가축과 모든 재산을 주시고, 육신과 생활에 필요한 모든 것과 생계수단으로 날마다 넘치도록 나를 돌보시며, 모든 위험에서 지켜주시고 모든 악으로부터 보호하시며 막아주심을 내가 믿는다는 뜻입니다. 또한 이 모든 것은 내게 어떤 공로나 가치가 있어서가 아니라 순전히 아버지 하나님의 긍휼과 자비하심으로 주어진 것이므로, 이것에 대해 나는 하나님께 감사하고 그분을 찬양하고 섬기고 순종해야 할 의무가 있습니다. 나는 이러한 사실이 분명 진리임을 믿는다는 뜻입니다.

| 둘째 조항 | 구원[구속]에 관하여

그 외아들 우리 주 예수 그리스도를 믿사오니, 이는 성령으로 잉태하사 동정녀 마리아에게 나시고, 본디오 빌라도에게 고난을 받으사 십자가에 못박혀 죽으시고, 장사하여 음부[지옥]에 내려 가시고[13] 사흘 만에 죽은 자 가운데서 다시 살아나시며, 하늘에 오르사 전능하신 하나님 우편에 앉아 계시다가 저리로서 산 자와 죽은 자를 심판하러 오시리라.

▌이것은 무슨 뜻입니까?

대답: 영원하신 아버지로부터 나신 참 하나님이며 동시에 동정녀 마리아에게서 나신 참 인간이신 예수 그리스도가 나의 주님이심을 믿는다는 뜻입니다. 예수 그리스도는 타락하여 저주받은 인간인 나를 구속하시고 모든 죄와 죽음과 마귀의 권세에서 나를 값을 주고 사서 구해내셨으니, 이는 금이나 은으로 하신 것이 아니라, 그의 거룩하고 귀한 보혈과 무고한 고난과 죽으심으로 하신 것입니다. 그리스도께서 이 모든 것을 하신 것은, 나를 자신의 소유로 삼으시기 위함이며, 또한 그분이 죽음에서 부활하여 사시고 영원히 다스리는 것과 같이, 내가 그분 나라 안에서 살고 영원한 의와 순결과 복 가운데 그분을 섬기도록 하기 위한 것입니다. 나는 이것이 참으로 진리임을 믿는다는 뜻입니다.

성화에 관하여[14]

성령을 믿사오며 거룩한 공회와 성도가 서로 교통하는 것과 죄를 사하여 주시는 것과 몸이 다시 사는 것과 영원히 사는 것을 믿사옵나이다. 아멘.

▌이것은 무슨 뜻입니까?

대답: 나 자신의 이성이나 힘으로는 나의 주 예수 그리스도를 믿거나 그분에게 갈 수 없고, 오히려 성령 하나님이 복음을 통해 나를 부르시고 은사들을 통해 나를 깨닫게 하시며, 나를 거룩하게 하시며 바른 믿음 안에서 인도하셨다는 사실을 믿는다는 뜻입니다. 아울러, 성령은 지상의 모든 교회, 곧 그리스도인 전부를 부르시며 모으시고, 깨닫게 하시며 거룩하게 하시고, 그리스도 곁에서 바르고 유일한 믿음 가운데 인도하십니다. 성령이 내 죄와, 교회 안에 있는 모든 성도의 죄를 날마다 용서하시며, 마지막 날에 나와 모든 죽은 자를 일으키시며, 그리스도 안에서 나와 모든 성도에게 영생을 주실 것입니다. 나는 이러한 사실이 진리임을 믿는다는 뜻입니다.

3. 주기도문

가장이 가정에서 매우 간단하게 가르치는 법

하늘에 계신 우리 아버지여

▌이것은 무슨 뜻입니까?

대답: 하나님께서는 이 말씀을 통해 그분이 우리의 참된 아
버지이시며, 우리가 그분의 참된 자녀라는 것을 믿도
록 하여, 자녀가 사랑하는 아버지에게 간구하듯이 담
대하고 온전히 신뢰를 가지고 간구하도록 권하고자
하신다는 뜻입니다.

첫 번째 간구: 당신 이름이 거룩히 여김을 받으시오며

█ 이것은 무슨 뜻입니까?

대답: 하나님의 이름은 이미 거룩하지만, 이 기도로 하나님
의 이름이 우리 가운데서도 거룩하게 되기를 간구한
다는 뜻입니다.

█ 이것은 어떻게 이루어집니까?

대답: 하나님의 말씀이 순전하고 참되게 선포되고 또한 우리
가 하나님의 자녀로서 말씀에 따라 거룩하게 사는 곳
에서 이루어집니다. 하늘에 계신 아버지, 우리가 이렇
게 되도록 도우소서! 그러나 하나님의 말씀과 다르게
가르치고 행하는 자는 우리 가운데서 하나님의 이름
을 욕보이는 것입니다. 하늘에 계신 아버지, 이것으로
부터 우리를 지켜주소서!

두 번째 간구: ^{당신} 나라가 임하시오며

｜ 이것은 무슨 뜻입니까?

　　대답: 하나님의 나라는 우리의 기도가 없더라도 임하지만,
　　　　우리는 이 기도에서 하나님의 나라가 또한 우리에게
　　　　임하기를 간구한다는 뜻입니다.

｜ 이것은 어떻게 이루어집니까?

　　대답: 우리가 은혜로 말미암아 거룩한 말씀을 믿고 거룩하게
　　　　살도록, 하늘에 계신 아버지께서 우리에게 성령을 주
　　　　실 때, 하나님의 나라가 이곳에서 한시적으로, 그리고
　　　　저 하늘에서 영원히 임하게 됩니다.

세 번째 간구: 당신 뜻이 하늘에서 이루어진 것 같이 땅에서도 이루어지이다

이것은 무슨 뜻입니까?

대답: 하나님의 선하시고 은혜로우신 뜻은 우리의 기도 없이도 성취되지만, 우리는 이 기도 속에서 하나님의 뜻이 우리 가운데서도 성취되기를 간구한다는 뜻입니다.

이것은 어떻게 이루어집니까?

대답: 하나님께서, 마귀와 세상과 우리 육신의 뜻에 따라 그분의 이름을 거룩하게 하지 않고자 하며 그분의 나라가 임하게 되는 것을 원치 않는 모든 악한 방도와 뜻을 타파하고 막으실 때, 그리고 하나님께서 그분의 말씀과 믿음 가운데 확고하게 우리를 끝까지 굳세게 하시며 지키실 때, 하나님의 뜻은 이루어집니다. 이것이 바로 그분의 은혜롭고 선한 뜻입니다.

네 번째 간구: 오늘 우리에게 일용할 양식을 주시옵고

▌이것은 무슨 뜻입니까?

대답: 하나님께서는 우리의 간구 없이도 악한 사람에게조차
일용할 양식을 주시지만, 우리는 이 기도에서 하나님
께서 우리에게 일용할 양식을 주심을 깨닫고 우리가
그것을 감사함으로 받게 되기를 간구한다는 뜻입니
다.

▌일용할 양식은 무엇입니까?

대답: 우리 육신의 생계와 필요에 관련된 모든 것을 뜻합니
다. 즉, 먹을 것, 마실 것, 옷, 신발, 가옥, 농토, 가축,
돈, 물건, 경건한 배우자와 자녀들, 경건한 일꾼들, 경
건하고 신실한 통치자, 선한 정부, 좋은 날씨와 평화,
건강, 교육, 명예, 좋은 친구들, 신뢰할 수 있는 이웃
등입니다.

> **다섯 번째 간구: 우리가 우리에게 죄지은 자를 사하여 준 것 같이 우리 죄를 사하여 주시옵고**

이것은 무슨 뜻입니까?

대답: 우리는 이 기도에서 하늘에 계신 아버지께서 우리의 죄를 주시하지 않으시도록, 또한 그 죄 때문에 우리의 기도를 거절하지 않으시도록 간구한다는 뜻입니다. 왜냐하면 우리는 죄 용서를 간구할 자격도, 받을만한 자격도 없기 때문입니다. 오히려 우리는 하나님께서 모든 것을 은혜로 주시기를 간구한다는 뜻입니다. 우리는 날마다 많은 죄를 짓고 벌을 받아 마땅하기 때문입니다. 그래서 우리도 우리에게 죄지은 자들을 진심으로 용서하고 기꺼이 선을 베풀고자 한다는 뜻입니다.

여섯 번째 간구: 우리를 시험에 들게 하지 마시옵고

이것은 무슨 뜻입니까?

대답: 하나님께서는 누구도 시험에 들게 하지 않으시지만, 우리는 이 기도에서 하나님께서 우리를 지키시고 보호해 주셔서 악마, 세상, 우리의 육신이 우리를 속이거나 불신과 절망과 다른 커다란 수치와 방탕으로 유혹하지 못하도록 간구한다는 뜻입니다. 이러한 것으로 시련을 받는다고 할지라도, 우리가 결국에는 극복하고 승리를 얻도록 간구한다는 뜻입니다.

일곱 번째 간구: 다만 악에서 구하옵소서

이것은 무슨 뜻입니까?

대답: 이 기도에서 최종적으로 간구하는 것입니다. 즉, 하늘에 계신 아버지께서 우리에게 허락하신 육신과 영혼, 재산과 명예에 나쁜 영향을 주는 모든 악으로부터 구해주시고, 우리의 마지막 시간이 다가올 때 복된 임종을 허락하시고, 세상의 슬픔 많은 눈물골짜기에서 하늘나라로 은혜로 우리를 인도해주실 것을 간구한다는 뜻입니다.

> 대개 나라와 권세와 영광이 아버지께 영원히 있사옵나이다.
> 아멘

▌'아멘'은 무슨 뜻입니까?

대답: 나는 이러한 간구가 하늘에 계신 아버지에게 받아들여져 응답되리라는 사실을 확신해야 한다는 뜻입니다. 왜냐하면 아버지 자신이 그렇게 기도하라고 명하셨고, 그분이 우리의 기도를 들으시겠다고 약속하셨기 때문입니다. 아멘, 아멘, 이것은 '예, 진실로 그와 같이 될 것입니다'라는 뜻입니다.

II

『간단히 기도하는 법』

『간단히 기도하는 법, 이발사 피터를 위해』이하 『간단히 기도하는 법』
으로 칭하는 루터가 자신의 오랜 친구이자 이발사이며 외과 의사인
피터 베스켄도르프Peter Beskendorf의 부탁으로 쓴 기도에 대한 안내
서이다.15) 이 작품은 기도에 대한 안내일 뿐만 아니라, 루터 자신
의 기도 생활에 관한 설명이기도 하다. 루터는 이 작품을 통해 자
신의 신학의 기본적인 통찰인 교리문답의 세 요소, 곧 십계명, 사
도신경, 주기도문에 근거하여 종교개혁적인 기도의 모범을 제시
한다.

먼저 루터는 기도와 관련해 구체적으로 권면한다. 루터에 따르
면, 기도로 하루를 시작하고, 기도로 마무리해야 한다. "우리가
기도를 이른 아침에 해야 할 첫 번째 일로, 저녁기도를 하루의 마
지막 일과로 삼도록 하는 것은 유익한 일이다." 또한 아침에 일
을 시작하기 전에 일정한 시간을 예비해 두라고 권면한다. "잠시
후에 기도해야지. 먼저 해야 할 일이 있으니까. 그 후에 기도해도
늦지 않아!"라는 생각은 기도보다 하루의 일과를 우선시하여, 결
국에는 기도를 못하게 만들기 때문이다. 루터에 따르면, 좋은 기
도란 길게 하는 것이 아니라, 자주, 그리고 진심으로 드리는 것이
다. 기도에 적합한 장소는 골방과 교회이다. 특히 교회를 언급하

는 이유는 기도하는 사람이 교회에 가서 기도함으로 다른 그리스도인들과 연합할 수 있기 때문이다. 즉, 다른 성도들과 함께 기도함으로 하나님께서 기도를 들으신다는 일종의 확신을 얻는다는 것이다.

> 당신은 거기서 혼자 무릎 꿇고 있는 것이 아니라, 기독교 전체 혹은 모든 경건한 그리스도인들이 당신과 함께 있고, 당신은 그들 가운데서 하나님께서 무시하실 수 없는 일치되고 단결된 기도 속에 있음을 생각하라.

기도방법에 있어 눈에 띄는 것은 기도의 외적인 태도에 대한 루터의 언급이다. 오늘날 개신교회는 기도의 외적인 태도에 대해 소홀히 하는데, 기도의 외적인 태도가 내적인 마음의 표현임을 잊지 말아야 할 것이다.

기도에 있어서 무엇보다도 중요한 것은 기도해야 할 이유이다.16) 먼저, 우리는 하나님께서 기도하라고 명령하셨기 때문에 기도해야 한다. 그리고 하나님께서 우리의 기도를 들어주시겠다고 약속하셨기 때문에 기도해야 한다. 마지막으로 그의 아들 예수 그리스도를 통하여 기도해야 할 내용을 알려 주셨기 때문에 기도해야 한다. 기도에 대한 이러한 세 가지 근거들을 분명히 알고 확신하는 것이 중요하다. 사실, 우리의 기도는 당연한 일이 아니다. 왜냐하면 우리는 기도할 자격도, 기도 응답을 받을 가치도 없는 존재이기 때문이다. 루터는 거룩한 하나님과 죄된 인간 사이의 간격을 철저히 의식했다. "오, 하늘의 아버지 사랑하는 하나님, 저는 가치 없고 불쌍한 죄인으로, 당신을 바라보거나 기도할 자격도, 당신께 올려드릴 것도 없습니다." 이런 인간의 상황을 고려할 때 우리는 기도하는 것이 하나님의 뜻이라는 확신이 필요하다. 기도해야 할 이유, 즉 기도의 응답에 대한 약속과 확신이 필요한 것이다.

...

『간단히 기도하는 법』은 기도에 대한 안내서일 뿐만 아니라 기도에 대한 가르침, 기도의 신학이다. 이 책의 핵심은 주기도문, 십계명, 사도신경에 대한 강해와 그에 따른 기도의 내용이다.17) 우리가 기도해야 할 내용이 무엇인지는 우선 주기도문에서 잘 드러난다. 주기도문이야말로 의심할 바 없이 '가장 고귀하며 최고의 기도'이다. 물론 시편, 십계명, 사도신경 역시 유익한 기도의 도구이다.

1. 주기도문은 루터에게 시편보다도 나은, 아니 최상의 기도였다. 그래서 루터는 주님의 기도에 집중했다. 주기도문은 예수님 자신이 만들어 주신 것으로 그리스도인이 드리는 기도의 모범이자 표준인 동시에, 다른 모든 기도의 척도이기도 하다. 주기도문은 절망하지 말고 하나님의 은혜와 도움을 간구하도록

가르친다.

　루터는 주기도문이 중세시대의 경건으로 오용되었다고 말한다. 당시의 주기도문을 '최고의 순교자'라는 흥미로운 표현을 사용하며 믿음 없는 악습으로 인해 주기도문이 잘못 사용되었음을 보여주었다. 그럼에도 루터는 인간의 악습이 주께서 가르치신 기도를 절대 망가뜨릴 수 없다고 확신했다. 그는 주기도문이 어린 시절부터 노년까지 인간의 모든 삶의 단계에서 적용 가능하다고 보며 그 유익을 다음과 같이 인상 깊게 묘사한다.

　나는 오늘도 어린아이처럼 주기도문 안에서 젖을 빨고, 백발의 노인처럼 먹고 마신다. 그것은 평생을 먹어도 부족하지 않을 만큼 풍족하다.

2. 십계명에 대해 루터는 모든 계명이 기도가 되어야 한다고 주장하며 기도의 네 가지 기본형식으로 '교리', '감사', '참회회개', '간구'를 제안한다. 기도하는 사람은 우선 하나님께서 요구하시는 것이 무엇인지를 기억해야 한다교리. 두 번째로, 하나님께서 우리에게 선물로 주신 것이 무엇인지 인식해야 한다감사. 세 번째로, 기도하는 사람은 자신이 하나님의 뜻을 따르는 일에 얼마나 부족했으며, 허락하신 은사에 대한 감사를 잊었던 적이 얼마나 많았는지를 깨달아야 한다회개. 마지막으로, 비로소

하나님 앞에 자신의 간구를 언급해야 한다^{간구}. 루터의 이 제안은 기도의 삶이 오직 간구로만 축소되면 위험에 빠지게 됨을 깨닫게 해준다.

3. 사도신경에 대해 루터는 짧게 강해하며 역시 기도의 네 가지 기본형식인 교리, 감사, 참회^{회개}, 간구를 제시한다.

기도는 믿음 가운데 이루어지는 믿음의 공간이다. 다시 말해, 믿음이 바른 기도의 조건이다. 기도는 항상 믿음의 영역 안에서만 응답 되는 것이기에 '믿음의 특별한 연습'이라고도 볼 수 있다. 루터에 따르면, 바르고 응답받는 기도가 되기 위해서는 두 가지가 필요하다.18) 첫째, 우리가 하나님으로부터 받은 약속이나 확언을 숙고하며 이것을 하나님 앞에서 신뢰하며 기도하는 것이다. 둘째, 참되고 신실한 하나님의 약속을 의심하지 않는 일이다. 다시 말해 바른 기도에 우선적으로 필요한 것은 모든 기도의 이유이자 능력인 하나님의 약속이다. 여기에 추가적으로 필요한 것이 하나님께서 신실하시고 그분의 약속이 참됨을 의심하지 않고 신뢰하는 믿음이다.

우리의 기도가 항상 즉시 응답 되는 것은 아니다. 때로는 하나님께서 기도하는 자의 기도를 전혀 듣지 않으시거나 아무 관심도 없으시다는 생각이 들기도 한다. 그런 상황에서도 하나님께서 살아 계시고 우리의 기도를 들으신다는 신뢰를 연습하는 것이 필요하다. 중요한 것은 "우리가 원할 때 행하시도록 우리의 뜻을 하나님께 정해드리는 것이 아니라, 그가 행하기를 원하시는 시간과 장소와 방법을 그분께 맡겨야 한다"라는 사실이다. 루터의 기도 이해에는 하나님께서 기도를 들으신다는 확신을 갖는 것이 결정적으로 중요하다. 루터는 기도 응답에 대한 확신을 '아멘'이라는 말로 강조한다.

이 소책자는 기도에 대한 본질과 방법에 대한 안내서로, 기독교의 경건 서적 가운데 고전으로 여겨지고 있다. 이것이 한국교회에서도 "이 땅 위에서 가장 어려운 일이지만 최고의 예배가 되고 믿음을 연습하는 일", 즉 기도에 대한 최상의 안내서가 되길 소망한다.

참고 및 추천도서

WA 38,358−375.

"Eine schlichte Weise zu beten, für einen guten Freund." D. Korsch ed. *Martin Luther. Deutsch−Deutsche Studienausgabe. Vol. 1: Glaube und Leben*. Leipzig: Evangelische Verlagsanstalt, 2012, 601−631.

"A Simply Way to Pray. How One Should Pray, For Peter, the Master Barber." M. J. Haemig et al. ed. *The Annotated Luther. Vol. 4: Pastoral Writings*. Mineapolis: Fortress Press, 2016, 253−281.

마르틴 루터/ 구영철 역. 『마르틴 루터의 기도』. 서울: 가이드포스트, 2010.

칼 바르트/ 오성현 역. 『기도』. 서울: 복있는 사람, 2017.

마틴 루터/ 유재덕 역. 『마틴 루터의 기도』. 서울: 브니엘, 2008.

루터 작품

친애하는 이발사 피터에게,

1. 내가 개인적으로 기도하는 방법에 관하여 할 수 있는 한 최선을 다해 말하고자 합니다. 내가 말하는 것보다 우리의 주 하나님께서 당신과 더불어 모든 사람에게 더 잘 가르쳐 주시기를 기도합니다. 아멘.

2. 우선, 나는 여러 가지 다른 일 때문에 혹은 고민으로 – 육신과 사탄이 항상 기도를 막고 방해하듯이 – 기도하는 일을 소홀히 하거나 기도하고자 하는 마음이 내키지 않으면, 시편 책자19)를 들고 작은 방으로 들어갑니다. 또한 시간이 있거나 낮 시간이면 사람들이 있는 교회로 가서 십계명과 사도신경을 읽고, 시간적인 여유가 더 있으면 그리스도와 바울의 몇몇 말씀, 혹은 시편을 어린이들이 하듯이 소리 내어 읽습니다.

3. 좋은 방법은 기도를 이른 아침에 가장 먼저 해야 하는 일이 되게 하고, 저녁에도 기도가 마지막으로 해야 할 일이 되도록 하는 것입니다. 그리고 "잠시 후에 기도해야지, 먼저 해야 할 일이 있으니까. 그리고 나서 충분히 기도할 수 있어"라는 그릇

되고 기만적인 생각을 하지 않도록 부지런히 경계하기 바랍니다. 왜냐하면 이러한 생각은 우리로 하여금 기도보다 일에 우선순위를 두도록 하며, 결국 기도하지 못하게 만들기 때문입니다. 그렇게 되면 그날에는 기도를 통해 일어날 수 있는 어떤 일도 일어나지 않게 됩니다.

4. 물론, 상황이 긴급할 때는 기도만큼 좋거나 기도보다 더 나은 일이 있을 수 있습니다. 성 제롬St. Jerome, 약 347-420 20)의 격언이 이런 경우에 해당됩니다. 그는 "신앙인이 하는 모든 것은 기도이다"와 "신실하게 일하는 자는 두 번 기도하는 것이다"라고 말했습니다. 왜냐하면 믿음이 있는 사람은 누구에게도 불의를 행하지 않으며 도둑질하거나 속이거나 횡령하지 않기 위해 자기 일 가운데 하나님을 경외하고 존경하며 그의 계명을 기억하기 때문입니다. 그리고 그러한 생각과 믿음은 의심할 바 없이 그의 일을 기도와 찬양의 제물로 바꿉니다.

5. 이를 반대로 생각하면, 불신앙인이 하는 일은 저주일 뿐이고 신실하지 않게 일하는 자는 두 배나 저주받을 만하다는 사실은 분명 진리입니다. 왜냐하면 그의 마음heart은 자기 일 가운데 하나님을 멸시하고 하나님 계명을 어기며 자기 이웃에게 불의를 행하고 도둑질하고 횡령하려고 하기 때문입니다. 그러한 생각은 그의 행위와 일 역시 두 배나 저주스러운 것이 되게 하는 것

으로 하나님과 인간을 향한 헛된 저주에 불과합니다. 이것으로 그는 자기 자신을 저주하며 결국 거지와 속임수를 쓰는 야바위꾼으로 남을 것입니다.

그리스도께서는 지속적인 기도에 관하여 누가복음 11장에서 "우리는 끊임없이 기도해야 한다"라고 분명히 말씀하십니다.21) 왜냐하면 우리는 끊임없이 죄와 불의를 행하지 않도록 주의해야 하기 때문입니다. 그런데 시편 1편1-2절에서 "주야로 하나님의 계명을 묵상하는 자는 복이 있으며 …"라고 말하는 것처럼, 이러한 일은 하나님을 두려워하며 그분의 계명을 마음에 유념하는 곳에서만 가능합니다.

6. 우리는 진실한 기도의 습관을 멈추지 않도록 주의해야 하고, 무엇보다도 하찮은 일을 필수적인 일로 여기지 않도록 조심해야 합니다. 그렇지 않으면, 결국 부주의하고 게으르게 되며, 기도하고자 하는 마음이 식게 되고 기도하는 일을 싫증 내게 됩니다. 왜냐하면 우리를 둘러싸고 있는 사탄은 우리의 기도를 방해하는 일에 게으르거나 부주의하지 않기 때문입니다. 더구나 우리의 육은 죄를 갈망하고 기꺼이 죄를 지으려 하며 기도의 영을 싫어합니다. 만일 당신의 마음이 십계명이나 주기도문 등을 암송함으로 뜨거워지고 그것에 몰두하게 되면, 무릎을 꿇거나 일어서서 손을 모은 채 눈을 들어 하늘을 바라보며 할 수 있는 한 짧게 다음과 같이 말하거나 묵상하기 바랍니다.

하늘에 계신 아버지, 사랑의 하나님, 저는 눈이나 손을 당신에게 들거나 기도할만한 자격이 없는 무가치하고 가련한 죄인입니다. 그러나 당신께서 우리 모두에게 기도하라고 명령하셨고 또한 기도를 들으시겠다고 약속하셨을 뿐만 아니라, 당신의 사랑하는 아들 우리의 주 예수 그리스도를 통하여 우리에게 기도의 내용과 방법을 가르쳐 주셨기 때문에, 당신 말씀에 순종하기 위하여 당신의 명령에 따르며 당신의 은혜로운 약속을 신뢰합니다. 그리스도가 가르쳐 주신 것처럼, 이 땅 위에 있는 모든 당신의 거룩한 그리스도인들과 함께 나의 주 예수 그리스도의 이름으로 기도합니다.

1. "하늘에 계신 우리 아버지여 ..."[22)]

주기도문 전체를 한 마디씩 기도하기 바랍니다. 그런 후에 한 부분 혹은 당신이 원하는 만큼 반복하기 바랍니다.

2. 첫 번째 간구 "당신 이름이 거룩히 여김을 받으시오며"를 반복하면서 다음과 같이 기도하기 바랍니다.

오, 주 하나님 사랑하는 아버지, 당신의 이름이 우리 안에서뿐만 아니라 온 세상에서 거룩히 여김을 받으옵소서. 그리고 이교도,[23)] 교황, 모든 거짓 교사나 당파주의자들의 혐오와 우상숭배와 이단세력을 없애주시고 근절시켜 주옵소서. 이들은 입으로 당신의 이름을 거짓되게 말하고 수치스럽게 오용하며 조롱하고 모독합니다. 또한 이들은 당신의 이름으로 사탄의 거짓말을 하고 속임수를 행하면서도 당신의 말씀과 교회의 계명을 가르치고 있다고 자랑하며 세상의 수많은 가련한 영혼들을 비참하게 유혹하고 죽이며 무고한 피를 흘리게 합니다. 이들은 그러한 박해를 가하면서도 당신에게 예배를 드린다고 생각합니다.

사랑하는 주 하나님, 그들을 변화시키고 막아주옵소서. 회심이 필요한 자들의 마음을 바른길로 돌이키시어 그들이 우리와 함께, 우리가 그들과 더불어 바르고 순전한 가르침으로, 그리고 선하고 거룩한 삶으로 당신의 이름을 거룩하게 하고 찬양하게 하옵소서. 그러나 회심하고자 하지 않는 자들을 막으셔서, 그들이 당신의 거룩한 이름을 오용하고 모독하며 당신의 명예를 실추시키고 가련한 자들을 유혹하는 것을 막아주옵소서. 아멘.

3. 두 번째 간구: "나라가 임하시오며"

다음과 같이 기도하기 바랍니다.

사랑하는 주 하나님 아버지, 당신이 보시는 것처럼, 세상의 지혜와 이성은 당신의 이름을 수치스럽게 하고 당신에게 마땅히 돌아가야 할 명예를 거짓과 사탄에게 돌릴 뿐만 아니라, 이 땅 위에서 세상을 통치하며 당신을 섬기도록 주신 모든 권력과 힘과 부와 명예를 당신의 나라에 적대적으로 사용하고 있습니다. 그들은 크고 강력하며 수가 많고 뚱뚱하고 자기 배만 채우며, 당신 나라에 속한 약하고 멸시받고 소수인 작은 무리를 괴롭히고 방해하며 당황케 합니다. 그들은 이 땅 위에서 당신의 백성을 위하지 않으면서도 당신에게 훌륭한 예배를 드리고 있다고 생각합니다.

사랑하는 주 하나님 아버지, 그들을 변화시켜 주시고 막아주옵소서. 당신 나라의 자녀와 지체가 되어야 할 이들을 변화시키셔서, 그들이 우리와 함께, 우리가 그들과 더불어 당신의 나라에서 바른 믿음과 참된 사랑으로 당신을 섬기게 하시며 이미 시작된 당신 나라로부터 영원한 나라에 들어가도록 하옵소서. 그러나 자기의 힘과 능력으로 당신의 나라를 파괴하고자 하는 것으로부터 돌이키려고 하지 않는 자들을 막아주시고, 그들이 자기 자리에서 물러나 겸손하게 되어 그들의 일을 멈추도록 하옵소서. 아멘.

4. 세 번째 간구: "뜻이 하늘에서 이루어진 것같이 땅에서도 이루어지이다"

다음과 같이 기도하기 바랍니다.

사랑하는 주 하나님 아버지, 당신이 아시는 것처럼, 세상은 당신의 이름을 전적으로 멸할 수 없고 당신의 나라를 없앨 수 없는데도 밤낮으로 악한 속임수와 간계로 분주하고, 은밀하게 모의하며 치밀하게 계획을 세우고, 그들끼리의 동지애를 쌓으며

위협하고 거만하게 말하며, 당신의 이름, 당신의 말씀, 당신의
나라, 당신의 자녀들을 파멸시키려는 모든 악한 의도로 충만해
있습니다.

사랑하는 주 하나님 아버지, 이들을 변화시켜 주시고 막아주
옵소서. 당신의 선한 뜻을 깨달아야 할 그들을 변화시켜 주셔
서, 그들이 우리와 함께, 우리가 그들과 더불어 당신의 뜻에
순종하고 모든 악과 십자가와 역경을 기꺼이 인내하고 감당
하며 즐거워하고, 당신의 선하고 자비하고 완전한 뜻을 깨달
아 시험해 보며 경험하도록 해주소서. 또한 분노와 광란과 미
움과 위협과 악한 의지를 가지고 해를 가하고자 하는 자들을
막아주시며, 그들의 계획과 악한 공격과 간계가 수포로 돌아
가게 하여, 시편 7편12-16절에서 노래하는 일들이 그들에게 일
어나게 하소서.24) 아멘.

5. 네 번째 간구: "오늘 우리에게 일용할 양식을 주시옵고"

다음과 같이 기도하기 바랍니다.

오 사랑하는 주 하나님 아버지, 이 세상의 육적인 삶에서도 당신의 복을 주옵소서. 자비를 베푸셔서 우리에게 복된 평화를 주시고, 우리를 전쟁과 재난으로부터 보호하소서. 우리가 사랑하는 황제[25]에게 대적자들보다 더 많은 행운과 성공을 주시고 지혜와 통찰력을 주셔서 이 세상의 나라를 평화롭고 복되게 통치하도록 하소서. 모든 왕과 제후들과 통치자들에게 선한 묘책과 의지를 주셔서 자신의 영토와 백성들을 평안하고 선한 법으로 다스리게 하소서. 특히 우리의 사랑하는 영주[26]를 도우시고 인도하셔서 물론 그의 보호와 은신처 아래 우리를 지키시는 분은 당신이십니다 그가 모든 악으로부터 보호받고 불의의 혀와 불성실한 사람들로부터 벗어나 복되게 통치하게 하소서. 모든 백성에게는 신실하게 섬기고 순종할 수 있는 은혜를 주소서. 모든 신분, 특히 시민과 농민들이 경건하여 서로 사랑과 신의를 베풀도록 하옵소서. 적당한 날씨와 땅의 열매들을 주소서. 또한 당신에게 가정과 아내와 아이를 맡깁니다. 제가 이들을 잘 지도하고 하나님의 말씀에 따라 양육할 수 있도록 도우소서. 우리를 해치고 손해를 입히는 자들과 모든 악한 천사를 막고 제지하여 주옵소서. 아멘.

6. 다섯 번째 간구: "우리가 우리에게 죄지은 자를 용서하여 준 것 같이 우리 죄를 사하여 주시옵고"

다음과 같이 기도하기 바랍니다.

오 사랑의 주 하나님 아버지, 우리를 심판하지 마소서. 당신 앞에서는 어떤 인간도 의롭지 못하기 때문입니다. 우리가 말로다 표현할 수 없는 당신의 모든 영적이고 육적인 선하심에 대해 감사하지 않는 것과, 시편 19편12절 27) 말씀처럼 우리가 알고 인식하는 것보다 더욱 자주 잘못하고 죄짓는 것을 우리의 죄로 간주하지 마소서. 우리가 얼마나 경건한지 악한지를 바라보지 마시고, 당신의 사랑하는 아들 그리스도 안에서 우리에게 선물로 주신 당신의 무한한 자비를 바라보소서. 우리에게 고난이나 불의를 행하는 모든 적과 모든 사람을 우리도 마음으로 용서하오니 이들을 용서하여 주소서. 그들은 우리에게 행한 행동으로 당신을 분노케 하여 스스로 더할 수 없이 큰 해를 입게 됩니다. 그들의 파멸은 우리에게 결코 도움이 되지 않으며, 오히려 우리는 그들이 우리와 더불어 구원받기를 원합니다. 아멘.

그리고 여기서 용서할 수 없다고 생각되는 사람이 있다면, 용서할 수 있게 해달라고 하나님께 은혜를 구하기 바랍니다. 그러나 이것은 설교에 속한 일입니다.

7. 여섯 번째 간구: "우리를 시험에 들게 하지 마시옵고"

다음과 같이 기도하기 바랍니다.

> 오 사랑의 주 하나님 아버지, 당신의 말씀과 도움으로 우리를
> 담대하고 활기차며 열정을 가지고 최선을 다하게 하셔서, 마치
> 우리가 모든 것을 가진 것처럼 안심하여 게으르거나 나태하지
> 않도록 하옵소서. 그렇게 함으로 사나운 사탄이 부지중에 우리
> 를 엄습하여 두려움과 공포에 빠지지 않게 하시고, 우리로부터
> 당신의 사랑스러운 말씀을 빼앗지 못하게 하거나, 우리 가운데
> 서 다툼과 분열을 일으키지 못하게 하거나, 우리가 영적인 죄
> 혹은 다른 육적인 죄와 수치에 빠지지 않도록 하소서. 오히려
> 우리에게 당신의 영을 통하여 지혜와 힘을 주사, 사탄에게 용
> 감히 저항하고 승리할 수 있도록 하소서. 아멘.

8. 일곱 번째 간구: "다만 악에서 구하시옵소서"

다음과 같이 기도하기 바랍니다.

> 사랑의 주 하나님 아버지, 이 가련한 삶은 비참함과 불행, 위험
> 과 불확실함으로 가득하고, "때가 악하니라" 엡 5:16라는 바울의

말처럼 불성실과 불의로 가득하여 삶에 지쳐 포기하거나 심지어 죽음을 갈망합니다. 그러나 사랑하는 아버지, 당신께서는 우리의 약함을 아시오니 우리를 수많은 악과 악행으로부터 지키시고, 때가 이르면 우리에게 은혜로운 마지막 시간을 허락하시어 이러한 슬픔의 골짜기로부터 복된 이별을 하게 하옵소서. 그래서 죽음 앞에서 놀라거나 낙담하지 않도록 하시고 확고한 믿음 가운데 우리 영혼을 당신 손에 맡기도록 하소서. 아멘.

9. 마지막으로, 다음 사실을 기억하십시오.

당신은 항상 '아멘'이라고 분명하게 말해야 합니다. 하나님께서 당신의 기도를 모든 자비하심으로 확실히 들으시며 당신의 기도에 '예'라고 응답하신다는 사실을 의심하지 마십시오. 또한 당신은 기도할 때 홀로 무릎을 꿇거나 서 있는 것이 아니라, 기독교 전체 혹은 모든 경건한 기독교인이 당신과 함께 있으며 당신은 그들 가운데에 하나님께서 결코 무시하실 수 없는 일치되고 단합된 기도로 함께 하고 있다는 사실을 기억하기 바랍니다. 그리고 "하나님께서 나의 기도를 들으셨다. 나는 그 사실을 분명히 알고, 그것이 사실임을 믿는다"라는 고백으로 기도를 마쳐야 합니다. 이것이 '아멘'의 의미입니다.

> 10. 내가 기도할 때마다 앞서 설명한 기도의 내용을 모두 글자 그
> 대로 읽거나 말하는 것이 아니라는 사실을 명심하기 바랍니다.

 자칫하면 그런 가르침이 형식화되어 단지 수다와 순전히 공허한 시시덕거림이 될 수 있기 때문입니다. 그것은 가령 평신도의 로사리오28), 사제나 수도사들의 기도처럼 단순히 책이나 글자를 낭독하는 것이 될 수 있습니다. 오히려 주기도문에서 얻은 깨달음으로 당신의 마음이 고무되고 인도되기를 원합니다. 마음은 − 일단 바르고 뜨겁게 기도하고자 하는 열망이 생기기만 하면 − 깨달은 생각을 다른 말로 그것의 길이와 상관없이 표현할 수 있습니다. 그러한 말과 음절에 얽매이기보다는, 감정과 기분에 따라 오늘은 이렇게, 내일은 저렇게 기도의 내용들을 달리할 수 있습니다. 할 수 있는 한 거의 동일한 생각과 마음에 머물기를 권면합니다. 물론 기도의 한 부분이나 한 간구에서 여러 가지 생각에 빠져 그밖에 다른 여섯 가지 간구를 미루는 일들이 종종 일어날 수 있습니다. 만일 좋은 깨달음들이 떠오르면, 다른 기도들은 제쳐두고 떠오르는 생각에 조용히 귀 기울이시기 바랍니다. 어떤 상황에서도 그것을 결코 막아서는 안 됩니다. 왜냐하면 거기에서 성령님 자신이 설교하시기 때문이고, 또한 성령님이 설교하시는 말씀이 우리가 드리는 천 번의 기도보다 더 낫기 때문입니다. 많이 읽고 숙고함으로 얻는 것보다 한 번의 기도에서 더 많은 것을 배운 경험이 종종 있다는 사실을 참고하기 바랍니다.

11. 그러므로 무엇보다 중요한 것은 전도자가 "기도를 위해 네 마음을 준비하여 하나님을 시험하지 않도록 하라"라고 말한 것처럼,[29] 당신의 마음이 기도에 대해 자발성과 열망을 갖는 일입니다.

당신의 입이 허튼소리를 하고 마음이 다른 곳에 분산된다면, 이것이 하나님을 시험하는 것과 무엇이 다르겠습니까? 이것은 다음과 같이 기도하는 사제와 같습니다. "하나님, 속히 저를 도우소서 … 하인이여, 말을 꼭 붙들어 매었는가 … 주여, 저를 속히 도우소서 … 하녀야, 가서 젖소의 우유를 짜라 … 성부, 성자, 성령님께 영광이 있으라 … 소년아, 서두르고 열심히 노력하라 등." 이러한 기도들은 내가 로마 교황의 지배 아래에 있을 때 많이 듣고 경험했던 내용입니다. 그들[중세 로마교회의 교인] 기도 대부분이 그랬습니다. 이것은 단지 하나님을 조롱하는 것에 불과합니다. 만일 그들이 이보다 더 나은 것을 행할 수 없거나 원하지 않는다면, 차라리 놀이나 하는 것이 더 나을 것입니다. 안타까운 일이지만, 나 역시 그 당시에는 많은 정시기도를 그렇게 드렸습니다.[30] 내가 방금 기도를 시작했는지 이미 기도 중인지 깨닫기도 전에 시편이나 정시기도가 끝나버린 적이 있습니다.

그리고 앞에서 언급한 사제처럼 모든 사람이 불쑥 말하며 일과 기도를 섞는 것은 아닐지라도, 마음속으로는 그러한 생각을 품고 행하여 이일 저일 왔다 갔다 합니다. 그래서 그것이 끝나면, 그들은 자신이 무엇을 했는지 무엇을 이야기했는지 도무지 알지 못합니다. 그들은 '라우다테'Laudate 31)로 시작하고는 즉시로 공상의 나라를 향해 날아갑니다. 차갑고 경건하지 않은 마음으로 기도할 때 드는 뒤죽박죽된 생각들은 가장 우스꽝스러운 눈속임입니다. 누구든 기도 중에 자신이 말한 것을 잊어버리는 사람은 기도를 잘한 것이 아니라는 사실을 기억하기 바랍니다. 왜냐하면 바른 기도는 기도의 처음부터 끝까지 모든 말과 생각을 정확하게 기억하기 때문입니다.

착하고 기술이 능숙한 이발사도 이와 마찬가지입니다. 그는 자기 생각과 관심, 시선을 정확히 면도날과 머리카락에 집중해야 하고, 어디를 면도하고 자르는지 잊어서는 안됩니다. 그러나 그가 머리를 자르는 동안 잡담을 하거나 다른 생각에 빠지거나 시선을 다른 곳에 둔다면, 그는 손님의 입과 코, 목에 상처를 내거나 심지어 목을 자를 수도 있습니다. 그래서 이발의 모든 과정이 순조롭게 진행되려면, 이발사는 자신이 하는 일에 집중해야 합니다. "너무 많은 생각을 하는 사람은 결국 아무것도 생각하지 않는 것이며, 또한 좋은 일을 하는 것이 아니다"라고 말하는 것처럼 말입니다. 기도 역시 마찬가지입니다. 좋은 기도가 되려면 마음을 집중하여 전심으로 드려야 합니다.

> 12. 지금까지 내가 기도하던 방식에 따라 주기도문과 기도에 관하
> 여 짧게 말하였습니다.

나는 오늘도 어린아이처럼 주기도문 안에서 젖을 빨고, 백발의 노인처럼 먹고 마십니다. 그것은 평생을 먹어도 부족하지 않을 만큼 풍족합니다. 주기도문은 내가 매우 좋아하는 시편보다도 더 훌륭한 최상의 기도입니다. 참된 선생이신 그리스도께서 그 기도를 만드시고 가르치셨다는 것은 분명한 사실입니다. 그렇게 고귀한 스승의 기도가 사람들에 의해 불경한 방식으로, 쓸데없이 사용되는 것은 매우 비참한 일입니다. 일 년에 수천 번씩 천년 동안 그렇게 기도한들, 주님의 기도를 조금도 맛보지 못할 것이며, 기도하지 않은 것과 다를 바 없습니다. 제가 말하고자 하는 것은 이것입니다. 주께서 가르치신 기도는 이 땅에서 가장 위대한 순교자입니다. 하나님의 이름과 하나님의 말씀처럼 불경하게 다루어지고 오용되었기 때문입니다. 반면, 안타깝게도 그것을 바르게 사용하는 것을 기쁨으로 삼고 즐거워하는 사람은 거의 없습니다.

주기도문을 드린 후에 시간과 장소의 여유가 있으면, 십계명을 가지고 계속하여 기도합니다. 십계명을 한 부분씩 취하여 가능한 한 형식에 구애받지 않고 기도하되, 각 계명을 네 부분으로 나눠 네 줄기를 가진 화관을 만든다고 생각하면 좋습니다.

첫째, 계명에 담긴 하나님의 뜻이 무엇인가에 대한 가르침, 곧 교리를 먼저 이해해야 합니다. 그리고 우리 주 하나님께서 계명을 통해 내게 진심으로 요구하시는 것이 무엇인지 묵상합니다.

둘째, 십계명을 감사기도로 표현합니다.

셋째는 회개이고, 넷째는 기도[간구]입니다. 하나님께 드리는 구체적인 생각과 기도의 내용은 다음과 같습니다.

1. 제1계명

> "나는 네 하나님 여호와니라."
>
> …
>
> "너는 나 외에는 다른 신들을 네게 두지 말라."[32)]

첫째, 하나님께서는 모든 일에 있어 그분을 진정으로 신뢰하도록 요구하고 가르치십니다. 하나님께서는 진심으로 나의 하나님이 되고자 원하시기 때문에, 영원한 구원을 위해 그분을 확고하게 붙들어야 합니다. 부, 명예, 지혜, 권력, 거룩함 또는 그 밖의 피조물이나 다른 어떤 것도 의지하거나 신뢰해서는 안됩니다.

둘째, 하나님의 끝없는 자비하심에 감사드립니다. 하나님께서는 타락한 인간인 나에게 아버지 같은 마음으로 찾아오셨고, 내가 구하거나 찾을 자격이 없음에도 불구하고 나의 하나님이 되어 나를 받아주셨고, 모든 곤경 속에서도 나의 위로와 보호, 도움과 힘이 되셨습니다. 만일 하나님께서 자기 자신을 그렇게 드러내 놓고 듣게 하지 않으시고, 또한 그분이 우리의 하나님이 되기를 원하신다는 사실을 인간의 말로 드러내지 않으셨다면, 가련하고 눈먼 우리 인간은 많은 우상을 찾게 되거나 찾을 수밖에 없었을 것입니다. 누가 이 사실에 대해 하나님께 변함없이 영원히, 그리고 충분하게 감사할 수 있을까요?

셋째, 나의 커다란 죄와 배은망덕을 회개하고 고백합니다. 부끄럽게도 나는 아름다운 가르침과 값진 은사들을 나의 온 삶을 통하여 무시하였으며 수많은 우상숭배로 섬뜩할 정도의 진노를 불러일으켰습니다. 이것들을 회개하며 은혜를 간구합니다.

넷째, 나는 다음과 같이 간구합니다.

오 나의 주 하나님, 당신의 은혜로 저를 도우사, 당신의 계명을 날마다 더 잘 배우고 이해하며 진정한 신뢰를 가지고 계명에 따라 행할 수 있게 하옵소서. 나의 마음을 지키사, 내가 더 이상 망각하거나 배은망덕하지 않게 하셔서, 다른 우상이나 이 땅 위에서 혹은 모든 피조물 중에서 위로를 찾는 것이 아니라, 오직 나의 유일하신 하나님 당신에게만 굳건히 매달리게 하소서. 아멘, 사랑하는 주 하나님 아버지, 아멘.

2. 제2계명

그런 후에 여유와 시간이 있으면 두 번째 계명도 네 가지로 나누어 기도합니다.

> **"너는 네 하나님 여호와의 이름을 망령되게 부르지 말라."**

첫째, 하나님의 이름을 존경하며 거룩하고 아름답게 여겨야 하고, 하나님의 이름으로 맹세하거나 저주하거나 거짓말해서는 안 되며, 교만하거나 나의 명예를 추구해서는 안되고, 오히려 겸손하게 하나님의 이름을 부르고 기도하며 찬양하고 높여드려야 합니다. 나는 그분이 나의 하나님 되시며 나는 그의 가련한 피조물이며 무익한 종이라는 사실을 나의 명예와 영광으로 삼습니다.

둘째, 하나님의 값진 은사들에 대해 감사드립니다. 하나님께서는 우리에게 자신의 이름을 알리시고 또한 주셨습니다. 그래서 하나님의 이름을 찬양할 수 있으며, 하나님의 종, 하나님의 피조물이라는 이름을 얻었습니다. 하나님의 이름은 솔로몬이 말하는 것처럼[33] 의인이 피하고 보호받는 견고한 성과 같은 나의 피난처가 되십니다.

셋째, 내 삶 속에서 이러한 계명과 반대로 행한 수치스럽고 커다란 죄를 회개하고 고백합니다. 나는 하나님의 거룩한 이름을 부르거나 높여드리거나 존경하지 않았을 뿐만 아니라, 그러한 은사들에 대해 감사하지 않았으며 이러한 은사들을 맹세와 거짓말, 그리고 사기 등을 통해 모든 수치스러운 행동과 죄를 짓는데 사용했습니다. 이것을 회개하며 은혜와 용서를 간구합니다.

넷째, 앞으로 이러한 계명을 잘 배울 수[순종할 수] 있도록 하시고, 하나님의 이름에 거스르는 수치스러운 배은망덕, 오용, 죄로부터 나를 보호하시고, 감사하는 마음을 갖고 하나님의 이름을 바르게 경외하며 존경하도록 힘을 주시고 도와주시길 기도합니다.

앞에 나온 주기도문에서 말한 것처럼 다시 다음과 같이 권면합니다. 만일 성령님이 생각 가운데 오셔서 당신 마음속에서 넉넉한 깨우침으로 설교하기 시작하신다면, 성령님께 영광을 돌리며 준비한 기도문은 내려놓고 더욱 탁월하신 성령님의 인도하심에 조용히 귀를 기울이기 바랍니다. 그리고 그분이 설교하는 것을 주목하고 적어두기 바랍니다. 그러면 다윗이 말하는 것처럼[34] 하나님의 율법을 통해 놀라운 일을 경험하게 될 것입니다.

3. 제3계명

> **"안식일을 기억하여 거룩하게 지키라."**

첫째, 안식일은 게으름이나 육적인 즐거움을 위한 날이 아니라, 우리가 거룩해지도록 제정된 날입니다. 안식일은 우리의 행위와 행동에 의해 거룩하게 되는 것이 아닙니다. 우리의 행위 그 자체는 거룩하지 않습니다. 오히려 그것은 완전히 정결하고 거룩한 하나님 말씀, 다시 말해 시간, 장소, 사람, 행위, 안식 등 말씀과 관련되는 모든 것을 거룩하게 하는 하나님 말씀에 의해 거룩하게 됩니다. 바울이 디모데전서 4장5절에서 말하는 것처럼, 모든 피조물이 말씀과 기도로 거룩하게 되며, 우리의 행위 역시 말씀으로 거룩하게 됩니다. 그러므로 안식일에는 무엇보다도 하나님의 말씀을 듣고 묵상해야 하며, 그 후에 이 말씀으로 감사하고 하나님이 주신 모든 복에 대해 찬양하며 나 자신과 모든 세상을 위해 기도해야 합니다. 그렇게 안식일을 지키는 자가 안식일을 거룩하게 하는 것입니다. 그렇게 행하지 않는 자는 안식일에 일하는 자들보다 더 악하게 행한 것이 됩니다.

둘째, 하나님의 크고 아름다운 선하심과 은혜에 감사드립니다. 하나님께서 우리에게 그의 말씀과 설교를 주셨고, 인간의 마음으로 아무리 묵상해도 온전히 깨달을 수 없는 그 보물을 안식일에 특별히 사용하도록 명령하셨기 때문입니다. 하나님 말씀은 이 세상 삶의 어둠에서 유일한 빛이고 생명의 말씀이며, 위로이며 모든 복의 근원입니다. 귀한 구원의 말씀이 없는 곳에는 끔찍한 어둠과 거짓, 갈등과 죽음, 모든 불행과 사탄의 지배가 있을 뿐입니다. 이것을 우리는 날마다 보고 있습니다.

셋째, 나의 커다란 죄와 수치스러운 배은망덕을 회개하며 고백합니다. 나는 안식일을 평생 수치스럽게 보냈고, 하나님의 값지고 귀중한 말씀을 완전히 무시하였으며, 말씀을 듣는데 게을리하고 짜증을 내고 억지로 들었습니다. 이런 내가 말씀을 진정한 마음으로 바라거나 그것에 대해 감사했겠습니까? 그 결과, 나의 사랑하는 하나님께서 내게 하신 설교는 헛된 것이 되었고, 나는 그 귀한 보물을 버리고 소중히 여기지 않았습니다. 그런데 하나님께서는 나의 잘못을 오직 자비하심으로 참으셨고, 아버지의 사랑과 신뢰로써 내게 계속 깨닫게 하시며 내 영혼이 구원받도록 부르시는 것을 멈추지 않으셨습니다. 이것에 대해 회개하며 은혜와 용서를 간구합니다.

넷째, 나와 세상 전체를 위해 기도합니다. 사랑하는 아버지! 우리를 거룩한 말씀으로 보존하시고, 우리의 죄와 배은망덕과 게으름 때문에 말씀을 우리로부터 거두어 가지 마시고, 우리를 이단 종파와 거짓 교사로부터 보호해 주시며, 추수를 위해 신실하고

바른 일꾼, 즉 신실하고 경건한 목회자와 설교자들을 우리에게
보내주소서.35) 또한 우리 모두에게 은혜를 주사, 우리가 은혜의
말씀을 하나님의 말씀으로 겸손하게 듣고 받아들이며 그 말씀을
존경하게 하시고, 그 말씀에 대해 진심으로 감사하며 찬양하도록
하옵소서.

4. 제4계명

> **"네 부모를 공경하라."**

첫째, 하나님 나의 창조주께서는 놀라운 방법으로 육신과 영혼을 가진 나를 창조하시고, 나의 부모님을 통해 생명을 주셨습니다. 부모님에게는 자신의 육신의 열매인 나를 모든 힘을 다해 돌보고자 하는 마음을 주셨습니다. 부모님은 부지런하고 조심스럽게, 그리고 위험과 고난을 감수하며 나를 세상에 내고 키우고 보호하고 양육하고 교육하셨습니다. 그리고 하나님께서는 지금까지 피조물인 내 육신과 영혼을 수많은 위험과 곤경으로부터 보호하셨고, 마치 새롭게 창조하시듯 늘 나를 도우셨습니다. 사탄은 우리에게 이런 삶을 한순간도 허락하지 않으려 합니다.

둘째, 나와 온 세상을 창조하신 풍성하고 은혜로우신 창조주 하나님께 감사드립니다. 하나님은 이 계명을 통해 인류, 즉 가정과 국가를 세우시고 돌보셨으며, 경제와 정치가 유지되고 발전할 수 있도록 하셨습니다. 가정과 국가^{또는 정부} 없이는 세상은 일 년도 유지될 수 없습니다. 세상 정부 없이는 평화가 있을 수 없고, 평화가 없는 곳에서는 가정이 있을 수 없으며, 가정이 없는 곳에서는 아이들이 태어나거나 양육될 수 없고 아버지와 어머니도 더 이상 존재할 수 없기 때문입니다. 이 계명은 가정과 국가를 돌보고 보존하고 유지하게 하며 또한 아이들과 백성에게 순종을 명령합니다. 계명은 이것이 잘 지켜지는지 감시하고, 혹시 그렇지 않으면 처벌받도록 합니다. 만일 그렇게 하지 않았다면, 이미 오래 전에 아이들의 불순종을 통하여 모든 가정은 해체되고, 백성들은 폭동으로 국가를 파괴하고 무법의 상태를 만들었을 것입니다. 그들이 부모와 통치자들보다 훨씬 많기 때문입니다. 이 계명이 주는 유익은 말로 다 표현할 수 없을 정도입니다.

셋째, 나는 하나님의 이러한 계명과 반대로 부모님을 공경하거나 순종하지 않았고, 종종 부모님을 화내게 하며 감정을 상하게 했고, 사랑이 담긴 부모의 처벌을 참지 못하여 투덜거렸고, 그들의 신실한 권고를 무시했을 뿐만 아니라 오히려 나쁜 무리와 악한 친구들을 쫓았습니다. 많은 이들이 어른이 되기도 전에 수치스러운 죽음과 실패를 맞이하는 것처럼, 하나님께서는 불순종하는 자녀들을 저주하시고 그들의 생명을 빼앗으십니다. 부모에게 순종하지 않는 자는 사형집행인에 의해 죽음을 맞이하거나, 하나님의 진노로 말미암아 비극적인 결말을 맞게 됩니다. 그러한 모든 것을 회개하며 은혜와 용서를 간구합니다.

넷째, 나 자신과 모든 세상을 위해 기도합니다. 하나님께서 은혜를 베푸사 가정과 국가에 넘치도록 축복하시고, 우리가 앞으로 경건하게 되고, 부모를 공경하고, 통치자들에게 순종하고, 사탄에게 저항하며 그의 유혹에 불순종과 반항으로 맞설 수 있기를 기도합니다. 또한 우리가 집과 농토를 지키는 일에 힘쓰며, 평화를 유지하고, 우리 자신의 유익과 모든 번영에 대해 하나님을 찬양하고 영광을 돌릴 수 있도록 기도합니다. 이 모든 것이 하나님의 선물임을 깨닫고 하나님께 감사할 수 있도록 기도합니다.

여기서 또한 부모와 정부를 위해 기도해야 합니다. 하나님께서 그들에게 이해력과 지혜를 주시어 평화롭고 행복하게 관리하고 다스릴 수 있도록 간구합니다. 하나님께서 그들이 독재하거나 난폭하게 행동하지 않도록 하시며 그들을 폭동으로부터 보호하셔서 하나님의 말씀을 존경하며 박해를 멈추거나 불의를 행하지 않기를 간구합니다. 왜냐하면 그러한 고귀한 선물은 바울이 가르치는 것처럼36) 기도를 통해 얻기 때문입니다. 그렇지 않으면, 사탄이 궁정에서 다스리며 모든 것이 악과 혼돈 속에 빠질 것입니다.

그리고 부모된 당신은 자신과 자녀들, 그리고 하인을 위해 진정으로 간구하십시오. 하나님의 이름으로 당신에게 부모라는 명예로운 직분을 허락하시고 당신이 아버지로 불리며 존경받도록 하시는 사랑하는 아버지 하나님께 기도하기 바랍니다. 당신에게 은혜와 복을 주사 아내와 자녀와 하인을 성서적으로 거룩하게 지도하며 양육하게 하시고, 또한 지혜와 힘을 주사 그들을 잘 기르도록 기도하십시오. 또한 하나님께서 그들에게 선한 마음과 의지를 주셔서, 그들이 당신의 가르침을 잘 따르고 순종하도록 기도하십시오. 왜냐하면 자녀와 그들의 잘됨은 하나님의 선물이기 때문입니다. 자녀들과 그들의 번성은 좋은 일이며 올바르게 지속되어야 합니다. 그렇지 않으면, 집은 돼지우리가 되고, 심지어 불경하고 어리석은 사람들에게서 볼 수 있는 것처럼 악을 가르치는 학교가 될 것입니다.

5. 제5계명

> **"살인하지 말라."**

첫째, 하나님께서는 내가 이웃을 사랑하기를 원하십니다. 나는 이웃의 육체에 말이나 행위로 해를 가하지 말고, 분노나 화냄, 질투나 미움 혹은 어떤 악의를 통하여 복수하거나 해를 가하지 말아야 합니다. 오히려 나는 이웃을 도울 의무가 있으며, 그가 육체적 곤경 가운데 있을 때 조언을 해주어야 합니다. 하나님께서는 이 계명을 통해 내게 이웃의 육신을 돌보도록 명하셨고, 나의 이웃에게는 나의 육신을 보호하도록 명령하셨습니다. 이것은 시락 Sirach이 "그분은 우리 각자에게 자신의 이웃을 맡기셨다"라고 말하는 것과 같습니다.[37]

둘째, 말로 표현할 수 없는 하나님의 사랑과 관심과 신뢰에 감사드립니다. 하나님께서는 강력한 보호 장벽을 우리의 육신 주위에 세우시고 우리를 보호하셨습니다. 모든 사람은 나를 조심스럽게 다루고 보호할 의무가 있으며, 나도 모든 인간을 그렇게 다루어야 합니다. 하나님께서는 이 계명에 주의를 기울이고 계시며, 이러한 계명이 지켜지지 않는 곳에서 그것을 행하지 않는 자들을 칼로 처벌할 것을 명령하셨습니다. 만일 그러한 계명과 규정들이 없다면, 사탄은 우리 가운데 서로 죽이도록 유혹할 것이며, 누구든 한 순간도 안전한 가운데 살 수 없을 것입니다. 이런 일은 하나님께서 분노하시어 불순종하고 배은망덕한 세상을 처벌하실 때 일어나는 것과 같습니다.

셋째, 나 자신의 악함과 세상의 악의에 관하여 회개하고 탄식합니다. 우리는 아버지 되시는 하나님의 사랑과 돌봄에 대해 너무나 배은망덕할 뿐만 아니라, 계명과 가르침을 알지 못하며 배우고자 하지도 않고 오히려 수치스럽게도 우리가 그것과 아무 관련도 없는 것처럼 무시합니다. 게다가 이러한 계명과 정반대로, 이웃을 무시하고 방치할 뿐만 아니라, 박해하거나 상처를 입히고 심지어 마음으로 죽이기도 합니다. 이것은 우리의 분노와 원한, 악의를 좇음에서 나오는 행동임에도, 우리는 이것이 마치 올바른 행동인 것처럼 양심에 개의치 않고 당당히 살아갑니다. 참으로 악하고 분별없고 거칠고 냉혹한 우리 자신에 대해 탄식하고 절규해야 할 때인데, 우리는 사나운 짐승처럼 서로 짓밟고 걷어차고 할퀴고 찢고 물고 잡아먹으며 중대한 하나님 계명을 전혀 두려워하지 않습니다.

넷째, 사랑하는 아버지께서 이러한 거룩한 계명을 깨닫도록 가르치시고 도우셔서 우리가 그것에 따라 행동하며 살 수 있기를 간구합니다. 우리 모두를 모든 형태의 살인과 폭력의 주인, 즉 살인자로부터38) 보호해 주소서. 넘치는 은혜를 주사, 이 계명의 가르침과 요구처럼 우리가 모든 사람과 더불어 서로 친절하고 상냥하고 관대하여 마음으로 서로 용서하고 다른 사람의 잘못과 단점을 그리스도인의 마음과 형제애로 감당하며 바른 평안과 화목함 가운데 살도록 하옵소서.

6. 제6계명

"간음하지 말라."

첫째, 하나님께서 내가 행하기를 원하시고 나로부터 기대하시는 것이 무엇인지를 배워야 합니다. 생각뿐만 아니라, 말과 행동으로도 순결하고 예의 바르고 적절하게 살아야 하며, 각 사람의 아내나 딸, 하녀를 수치스럽게 하지 말아야 합니다. 오히려 그녀들을 돕고 구원하고 보호하며 그녀들의 명예와 훈육에 유익한 모든 것을 행해야 하고, 그녀들의 명예를 훼손하거나 실추시키려는, 무익하게 지껄이는 자들을 막도록 도와야 합니다. 나는 그러한 모든 것을 해야 할 의무가 있기 때문입니다. 하나님께서는 내가 이웃의 아내와 가족을 수치스럽게 하지 않을 뿐만 아니라 나의 이웃이 이러한 계명을 나와 내 가족에게 행하기를 내가 원하듯이 이웃을 도와 그들의 좋은 평판과 명예를 보호하고 유지하기를 원하십니다.

둘째, 신실하고 사랑하는 하나님 아버지께 은혜와 자비에 감사드립니다. 그분은 이러한 계명으로 내 남편, 아들, 종, 아내, 딸, 하녀를 돌보시고 보호하시며, 우리가 그들을 불명예에 빠뜨리는 것을 단호하게 금하십니다. 그분은 이 계명을 통해 나를 안전하게 보호하십니다. 또한 그분은 계명을 감독하시되, 계명을 어겼을 경우 반드시 처벌받도록 하시고, 누군가 그러한 계명과 보호를 어기고 파괴하였을 때는 스스로 처벌하시기도 합니다. 누구도 이것을 피할 수 없으며, 누구든 이것에 대한 값을 치르든지, 아니면 마지막에 지옥 불에서 그러한 정욕의 대가를 치러야 합니다. 왜냐하면 그분은 순결을 바라시며 간음을 참지 않으시기 때문입니다. 우리는 날마다 이러한 것을 완고하고 방탕한 모든 사람을 통해 보는데, 그들은 결국 하나님의 진노를 받고 비참하게 멸망하게 됩니다. 그렇지 않다면, 추악한 사탄으로부터 아내, 자녀, 하인들을 훈육과 명예 가운데 단 한 시간이라도 지키는 것은 불가능할 것입니다. 또한 하나님께서 진노 가운데 손을 거두시고 모든 것을 파멸하도록 내버려 두실 때 일어나는 것처럼, 그곳에서는 개의 결혼식39)과 짐승 같은 본능만이 있게 될 것입니다.

셋째, 내가 평생 이 계명에 거슬러 행한 죄된 생각과 말과 행위, 그리고 모든 세상의 죄를 회개하고 고백합니다. 나는 아름다운 가르침과 은사에 배은망덕하였을 뿐만 아니라, 훈육과 정절을 명하시고 모든 종류의 음행과 악행을 저지하시며 처벌받게 하신 하나님께 투덜댔습니다. 결혼이라는 제도를 무시하며 조롱하였고 혐오스러운 것으로 여겼습니다. 이 계명을 어기는 것은 다른 어떤 것보다 분명하기에 어떤 이유나 변명이 있을 수 없습니다. 나는 이것을 회개합니다.

넷째, 나 자신과 모든 세상을 위해 간구합니다. 하나님께서 은혜를 주심으로 우리가 그분의 계명을 즐거움과 사랑으로 지켜 행하여 정결한 삶을 살고 다른 이들을 돕고 권면할 수 있기를 기도합니다.

　이제 시간 혹은 기회가 주어지거나 원하는 마음이 있으면, 다른 계명들도 계속 이런 분류로 개관해 나갑니다. 앞서 말한 것처럼, 나는 이 책자를 읽는 사람들이 나의 기도내용이나 생각에 얽매이는 것을 바라지 않습니다. 다만, 나의 기도를 예시로 든 것뿐입니다. 자신의 선택에 따라, 나의 기도를 따라 기도할 수 있고, 가능하다면 내용을 추가할 수도 있을 것입니다. 모든 계명을 한 번에, 혹은 원하는 계명을 골라 묵상할 수 있습니다. 왜냐하면 영혼은 악한 것이든 선한 것이든 진심으로 바라기만 하면, 혀로 열 시간 동안 말하고 펜으로 열흘 동안 쓰는 것보다 한순간에 더 많은 것을 생각할 수 있기 때문입니다. 영혼이나 마음은 현명하고 명민하고 강력하여서 진심으로 행하고자 하면, 십계명을 이러한 네 가지 관점으로 쉽게 개관할 수 있습니다.

7. 제7계명

> **"도둑질하지 말라."**

첫째, 이웃의 소유물을 그의 의지와 반대로 비밀스럽게 혹은 공개적으로 취하거나 소유해서는 안 되며, 장사를 하든, 누군가를 섬기는 일을 하든, 혹은 어떤 일을 하더라도 늘 신실하고 정직해야 합니다. 이것은 소유를 도둑질하여 얻지 않고, 내 얼굴의 땀으로 먹고살며 정직하게 빵을 먹도록 하기 위함입니다. 더 나아가, 나의 이웃의 소유물도 앞서 언급된 방법으로 빼앗기지 않도록 도와야 합니다.

또한 하나님께서는 이러한 계명을 통하여 아버지의 돌보심으로 나의 재산을 안전히 보호하십니다. 다시 말해, 하나님께서는 사람들이 나의 것을 훔치지 않도록 엄하게 명하시고, 계명을 따르지 않는 것에 처벌을 정하셨는데, 형리에게 교수대와 올가미로 죄인을 처리하도록 하셨고, 혹시 그가 할 수 없으면 하나님 스스로 처벌하십니다. 결국 도둑질하는 자들은 다음 속담처럼 거지가 될 수밖에 없습니다. "젊어서 훔치기를 좋아하는 자는 나이 들어 거지가 된다", "옳지 못한 재산은 오래가지 못한다", "불의하게 얻어진 것은 순식간에 사라진다."

둘째, 하나님의 신실하심과 선하심에 감사드립니다. 하나님께서 나와 세상 전체에 선한 가르침과 보호와 피난처를 제공하셨기 때문입니다. 만일 그분이 보호하지 않으신다면, 누구의 집에도 은화 한 닢, 빵 한 부스러기조차 남아 있지 않을 것입니다.

셋째, 내가 사는 동안 누군가에게 불의하게 행하고 그에게 해를 가하거나 그를 불명예스럽게 행한 모든 죄와 배은망덕을 회개합니다.

넷째, 하나님께서 은혜를 허락하사, 나와 온 세상이 그의 계명을 배우고 숙고하여 더 나은 사람이 되도록 하시며, 도둑질, 약탈, 고리대금, 사기, 불의가 줄어들게 하시고, 마지막 심판 날, 모든 성자와 피조물의 기도가 이루어지는 그 날이 머지않아 이르도록 기도합니다.40) 아멘.

8. 제8계명

> **"네 이웃에 대하여 거짓 증거하지 말라."**

첫째, 우리는 서로에게 진실하여 모든 거짓과 중상을 피하고, 다른 사람의 좋은 점을 말하고 듣는 것을 즐기고 기뻐해야 합니다. 그렇게 쌓인 우리의 평판과 정직함이, 악한 허풍선이와 거짓 증언자들로부터 우리를 보호하는 담이 됩니다. 하나님 역시 이런 자들을 다른 계명에서 말한 대로 처벌하십니다.

둘째, 하나님께서 우리에게 자비롭게 주시는 가르침과 보호하심에 감사해야 합니다.

셋째, 우리 이웃의 모든 명예와 정직함을 보존해야 할 의무가 있음에도 불구하고, 평생 배은망덕하고 죄를 지으며 우리의 이웃에게 거짓말하고 악한 중상모략을 했음을 고백하며 용서를 간구합니다.

넷째, 이 계명을 앞으로 계속 지킬 수 있도록 도움을 구하고 유익한 혀를 가질 수 있도록 기도합니다.

9. 제9-10계명

> "네 이웃의 집을 탐내지 말라."
> "네 이웃의 아내를 탐내지 말라."[41)]

첫째, 우리는 법을 빙자하여 우리 이웃의 재산과 소유를 빼앗거나 유용하거나 강요해서는 안되며 - 우리 자신에게도 이루어지기를 기꺼이 원하는 것처럼 - 이웃이 자신의 것을 유지할 수 있도록 도와야 합니다. 그것은 처세에 능한 자들의 궤변과 간계에 대한 방어이기도 합니다. 물론 이들은 결국에는 처벌을 받게 됩니다.

둘째, 우리는 그것에 대해 하나님께 감사해야 하고, 셋째, 우리의 죄를 뉘우치며 슬픔으로 회개해야 하고, 넷째, 경건하게 되어 하나님의 계명을 지킬 수 있도록 도움과 힘을 간구해야 합니다.

지금까지 십계명을 교리 책자, 찬송가, 회개 책자, 기도 책자 네 가지 관점에서 다루었습니다. 이것을 통해 당신의 마음이 스스로 깨닫고 기도에 대한 열정을 갖도록 하십시오. 단, 싫증이 나거나 지치지 않도록 한 번에 다 하려고 하거나 너무 많은 것을 시도하지 않아야 합니다. 좋은 기도란 길게 하거나 오래 끄는 것이 아니라, 자주 그리고 뜨겁게 하는 것입니다. 당신 마음에 불을 붙일 수 있는 한 부분이나 그 절반을 고려하는 것으로도 충분합니다. 그러나 이것은 성령이 주시는 것이고, 또한 성령이 주셔야 합니다. 성령이 마음에 계속하여 가르치셔야 하는데, 이것은 바로 마음이 하나님의 말씀과 하나 되고 낯선 일들과 생각으로부터 자유하게 될 때 이루어집니다.

여기서는 사도신경이나 성서에 관해서는 말하지 않고자 합니다. 다루어야 할 것이 매우 많기 때문입니다. 능숙한 사람은 한 날에는 십계명을, 다른 날에는 시편 혹은 성서의 한 부분을 부싯돌로 취하여 그의 마음에 불을 붙일 수 있을 것입니다.[42]

사도신경

1. 창조에 관한 첫 항목

"전능하사 천지를 만드신 하나님 아버지를 내가 믿사오며"

첫째, 당신이 원하기만 한다면, 커다란 빛이 당신 마음을 비춤으로, 어떤 말과 책으로도 충분히 설명하거나 서술할 수 없는 것, 즉 당신이 누구인지, 당신이 어디에서 왔는지, 하늘과 땅이 어디에서 생겨났는지를 가르쳐줍니다. 당신은 하나님의 창조물로 그분이 손수 만드신 피조물이며 작품이기 때문입니다. 다시 말하면, 당신 자신을 볼 때 당신은 아무것도 아니며, 아무것도 할 수 없으며, 아무것도 알지 못하고, 아무 능력도 없습니다. 당신은 1000년 전에 어떤 존재였습니까? 하늘과 땅은 6000년 전에 어떻게 존재했습니까? 창조되지 않은 것은 존재하지 않는 것과 마찬가지로, 그것들은 아무것도 아니었습니다. 당신의 존재와, 당신이 아는 것과 할 수 있는 것, 그리고 성취할 수 있는 것은, 당신이 입으로 고백하는 것처럼 하나님의 창조일 뿐입니다. 그러므로 당신은 하나님 앞에서 아무것도 아니며 그분이 당신의 창조주이시며 당신을 어느 순간이라도 파멸시킬 수 있다는 사실 외에는, 당신은 그 어떤 것도 자랑할 수 없습니다. 이성은 이러한 빛에 관하여 알지 못합니다. 많은 위대한 사람들이 하늘과 땅, 사람과 피조물이 무엇인지 알고자 했지만 발견하지 못했습니다. 그러나 여기서 설명하는 것과 믿음의 선언에 따르면, 하나님께서는 무無로부터 모든 것을 창조하셨습니다.43) 여기에 하나님의 작품을 즐기며 거닐 수 있는 '영혼의 기쁨 동산' Hortus animae 44)이 있습니다. 그러나 여기서 이것에 관하여 서술하기에는 너무나 길고 어렵습니다.

둘째, 감사해야 하는 사실은, 우리가 하나님의 선하심을 통하여 무로부터 창조되었고 무로부터 날마다 양육되며, 육체와 영혼, 이성과 오감 등을 가지고 있는 훌륭한 피조물로 만들어졌고, 하나님께서 우리를 땅과 물고기와 새와 동물들의 주인으로 세워 주셨다는 점입니다. 이 내용은 창세기 1-3장과 관련됩니다.

셋째, 불신앙과 배은망덕에 관하여 회개하고 탄식해야 합니다. 우리는 하나님의 모든 창조하심을 마음에 받아들이지도, 믿지도, 감사하지도, 깨닫지도 못했고, 이성을 가지지 못한 짐승보다도 더 악했습니다.

넷째, 바르고 확고한 믿음을 간구합니다. 이 창조에 관한 항목이 말하는 것처럼, 사랑하는 하나님을 우리의 창조주로 진심으로 끝까지 여기고 믿어야 합니다.

2. 구속救贖에 관한 둘째 항목

> **"그의 외아들 우리의 주 예수 그리스도를 믿사오니"**

첫째, 여기서 다시 큰 빛이 비치며 우리를 가르쳐, 하나님의 아들 그리스도를 통하여 죽음, 즉 창조 후에 아담의 죄를 통하여 당하게 된 죽음, 영원히 멸망할 수밖에 없는 죽음으로부터 우리가 어떻게 구속되었는지 깨닫게 합니다. 이제 다음과 같이 생각해야 합니다. 첫 번째 항목에서 당신 자신을 하나님의 피조물 가운데 하나로 여겨야 하고 그런 사실을 의심해서는 안 되는 것처럼, 두 번째 항목에서는 당신 자신을 구속받은 사람 가운데 한 사람으로 여겨야 하고 그 사실을 의심해서는 안됩니다. 또한 모든 단어 앞에 '우리'를 써넣어야 합니다.45) 다시 말해, '우리' 주 예수 그리스도라는 말처럼, '우리를 위해' 고난받으시고, '우리를 위해' 죽으시고, '우리를 위해' 부활하셨다고 쓰는 것입니다. '우리'라는 단어 자체가 말하고 있듯이, 이 모든 것이 우리의 것이고 우리에게 해당되며, 당신도 '우리' 가운데 속해 있습니다.

둘째, 그러한 큰 은혜에 진심으로 감사해야 하고 구원을 기뻐해야 합니다.

셋째, 수치스러운 불신앙으로 은혜를 의심한 것을 슬프게 탄식하며 회개해야 합니다. 당신이 반복적으로 행한 수많은 우상과 성인숭배, 그리고 구원에 저항한 셀 수 없이 많은 행위들이 당신 생각에 떠오르게 될 것입니다.

넷째, 당신이 주 그리스도에 대한 바르고 순전한 믿음을 마지막까지 계속 가질 수 있도록 간구하기 바랍니다.

3. 성화聖化에 관한 셋째 항목

> **"성령을 믿사오며"**

첫째, 여기서 세 번째 커다란 빛이 우리를 가르쳐, 창조주와 구속주救贖主를 이 땅에서 가시적으로 어디에서 발견하고 만날 수 있는지, 그리고 모든 것이 마지막에 어디에 머무르게 되는지 알려 줍니다. 이것에 관하여 많은 것을 말할 수 있으나, 다음과 같이 짧게 요약하고자 합니다. 거룩한 기독교 교회가 있는 곳에서 우리는 창조주 하나님과 구속자 하나님, 그리고 성령 하나님, 즉 날마다 죄의 용서를 통하여 거룩하게 하시는 하나님을 만나게 됩니다. 교회는 이와 같은 믿음에 대한 하나님의 말씀이 바르게 선포되며 고백 되는 곳입니다. 여기서 당신은 성령님이 날마다 교회에서 일으키시는 모든 것에 관하여 다시 깊이 생각해야 합니다.

둘째, 당신 역시 이러한 교회에 부르심을 받고 오게 됨을 감사하기 바랍니다.

셋째, 당신은 이 모든 것에 주의를 기울이지 않은 불신앙과 배은망덕에 관하여 회개하며 탄식하고, 바르고 확고한 믿음을 간구하기 바랍니다. 다시 말해, 모든 것이 영원히 머물게 될 때까지, 즉 죽은 자들의 부활 이후 당신이 영생에 이르게 될 때까지 지속하게 될 믿음을 간구하기 바랍니다. 아멘.

부록1

매일 기도

역자 해설

　이 작품은 루터가 『소교리문답』에 추가한 기도문으로 그리스도인이 일상생활 가운데 어떻게 기도해야 하는지를 보여준다. 기도에 대하여 많은 숙고를 한 루터는 여기서 간략하게나마 매일 기도의 모범을 제시한다. 이 기도문에서 루터가 주기도문에서 얻은 통찰을 실천에 적용하고 있는 모습을 확인할 수 있다. 루터는 중세교회에서 공로의 의미를 가진 기도를 거부하고 마음의 대화, 즉 하나님의 약속을 신뢰하며 즐겁고 자유한 마음으로 하나님과 대화하는 기도를 강조하였다. 매일의 기도자에게 중요한 것은 하나님께서 우리의 기도를 들으신다는 확신이다. 또한, 오늘날 한국교회의 그리스도인들에게 필요한 것은 긴 시간의 기도가 아니라, 짧을지라도 간절하고 진심으로 하는 기도이다. 물론 이런 마음은 성령님이 주시는 것이다. 루터의 기도문이야말로 우리의 매일 기도에 적절한 모범이 될 것이다.

참고 및 추천도서

WA 30I,392−396.

Die Bekenntnisschriften der evangelisch−lutherischen Kirche, im Gedenkjahr der Augsburgischen Konfession 1930. Göttingen: Vandenhoeck & Ruprecht, 2010 [Auflage: 13].

T. J. Wengert. "The Small Catechism." M. J. Haemig ed. *The Annotated Luther. Vol. 4: Pastoral Writings.* Minneapolis: Fortress Press, 2016, 237− 238.

루터의 기도문

아침기도

아침에 잠자리에서 일어나자마자 십자가 성호를 그리며 46) 다음과
같이 기도하기 바랍니다.

성부, 성자, 성령 하나님의 뜻대로 이루어지기를 바랍니다.
아멘.
[성부, 성자, 성령 하나님 저를 지켜주소서. 아멘].

그런 후에 무릎을 꿇거나 서서 사도신경과 주기도문을 암송하
기 바랍니다. 그리고 당신이 원한다면 다음의 짧은 기도를 드릴
수 있습니다.

하늘에 계신 나의 아버지, 지난 밤에도 모든 피해와 위험으로
부터 보호하셨음에 대해 당신의 사랑하는 아들 예수 그리스도
의 이름으로 감사드립니다. 또한 오늘 하루도 모든 죄와 악으
로부터 저를 보호해 주셔서 저의 모든 행동과 삶이 당신의 마음
에 합당하기를 간구합니다. 저의 육신과 영혼, 그리고 모든 것

을 당신 손에 맡깁니다. 당신의 거룩한 천사가 저와 함께하여 악한 원수가 저를 침범하지 못하도록 하옵소서. 아멘.

그 다음에는 즐겁게 당신의 일을 하러 가기 바랍니다. 또는 십계명에 관한 찬송을 부르거나 당신의 경건에 도움이 되는 것을 해도 좋습니다.

저녁기도

저녁에 잠자리에 들 때 십자가 성호를 그리며 다음과 같이 기도하기 바랍니다.

성부, 성자, 성령 하나님의 뜻대로 이루어지기를 바랍니다. 아멘.
[성부, 성자, 성령 하나님 저를 지켜주소서. 아멘.]

그런 후에 무릎을 꿇거나 서서 사도신경과 주기도문을 암송하기 바랍니다. 당신이 원한다면, 다음과 같은 짧은 기도를 드릴 수 있습니다.

하늘에 계신 나의 아버지, 오늘 하루도 은혜 가운데 보호해 주신 것에 대해 당신의 사랑하는 아들 예수 그리스도의 이름으로 감사드립니다. 또한 불의하게 행한 모든 죄를 용서해 주시고 이 밤도 은총 가운데 보호해 주시기를 간구합니다. 저의 육신과 영혼, 그리고 모든 것을 당신 손에 맡깁니다. 당신의 거룩한 천사가 저와 함께 하여 악한 원수가 저를 침범하지 못하도록 하옵소서. 아멘.

그런 후에 즐거운 마음으로 빨리 잠자리에 들기 바랍니다.

모든 가족이 경건하게 식탁 앞에 모여 두손을 모으고 다음과 같이 기도해야 합니다.

주님, 모든 눈이 당신을 앙망하오니, 당신은 이들에게 때를 따라 먹을 것을 주십니다. 당신은 손을 펴서 모든 살아 있는 것들을 즐겁게 만족하게 하십니다. 시 145: 15-16

그 다음으로 주기도문을 암송하고 다음과 같이 기도하기 바랍니다.

하늘에 계신 아버지, 주 하나님, 우리에게 복을 내려 주시고, 또한 우리가 주 예수 그리스도를 통하여 당신의 자비로운 호의로부터 받는 모든 선물에 복을 내려 주소서. 아멘.

감사 기도 Gratias

식사를 마친 이후에도 마찬가지로 경건한 마음으로 두 손을 모으고 다음과 같이 기도하기 바랍니다.

주께 감사하라, 그는 친절하시며 인자하심이 영원함이로다. 그는 모든 육신에 먹을 것을 주시고, 들짐승과 우는 까마귀에게도 먹을 것을 주심이로다. 그는 말의 힘을 즐거워 아니하시며 사람의 다리도 기뻐하지 아니하시나이다. 주님은 주를 경외하고 주의 인자하심을 바라는 자들을 기뻐하시는도다. 시편 106:1; 136:25; 147:9-11

그 후에 주기도문과 다음의 기도를 드리기 바랍니다.

주 하나님 아버지, 당신의 모든 자비하심에 대해 우리의 주 예수 그리스도의 이름으로 감사드립니다. 당신은 영원히 살아계셔서 다스리십니다.
아멘.

부록2

기도에 관한 설교

역자 해설

이 설교는 1519년 기원祈願절 주간성령강림절 전 주간에 행해진 루터의 설교에 근거하여 인쇄된 것이다. 루터학자 베이어O. Bayer에 따르면, 이 설교가 지니는 의미는 루터가 종교개혁적인 관점에서 기도에 관하여 어떻게 이해하고 있는가를 포괄적으로 보여주는 첫 작품이라는 것이다. 다시 말해, 이 설교에서 처음으로 기도의 본질이 약속promissio으로부터 분명하게 정의되고 있다.

기도를 구성하는 핵심은 기도를 들으신다는 하나님의 약속, 그리고 주어진 약속에 매달리는 확고한 믿음이다. 다시 말하면, 기도에서 중요한 것은 하나님의 승낙, 하나님의 약속이다. 기도하는 인간의 자격이 중요한 것이 아니다. 인간이 갖는 확고한 믿음은 하나님의 약속에 대한 것이고, 의심은 불신앙이자 하나님을 거짓말쟁이로 만드는 행위이다. 또한 기도의 중심으로 루터의 종교개혁 신학의 핵심인 말씀과 기도가 언급된다.

이 설교는 크게 두 부분으로 나뉘는데, 기도를 다루는 첫 부분은 개별적으로 출판되기도 하였다. 여기서는 첫 부분만 번역하였다.

참고 및 추천도서

WA 2,175-177.

"Ein Sermon von dem Gebet und Prozession in der Kreuzwoche D. Martin Luther, Augustiner zu Wittenberg." K. Bornkamm/ G. Ebeling ed. *Martin Luther. Ausgewählte Schriften. Vol. 2: Erneuerung von Frömmigkeit und Theologie.* Frankfurt: Insel, 1982, 8-11.

M. J. Haemig. "A Sermon on Prayer and Procession during Rogation Days." M. J. Haemig ed. *The Annotated Luther. Vol. 4: Pastoral Writings.* Minneapolis: Fortress Press, 2016, 147-157.

O. Bayer. *Promissio. Geschichte der reformatorischen Wende in Luthers Theologie.* Darmstadt: WBG, 1989.

바른 기도와 기도응답의 조건: 오직 하나님의 호의에 근거

1. 올바르고 선하며 응답 받는 기도에는 두 가지가 필요합니다. 첫째, 하나님께서 하신 약속이나 확언을 숙고하며 하나님 앞에 내어놓고 신뢰하며 기도하는 것입니다. 왜냐하면 하나님께서 먼저 기도를 명령하시지 않았거나 기도에 대한 응답을 약속하지 않으셨다면, 누구도 기도를 통해 곡식 한 톨 얻지 못하기 때문입니다. 이러한 사실로부터 우리는, 하나님의 응답을 받는 기도는 인간의 품위나 기도의 진가가 아닌, 모든 기도와 갈망보다 앞서는 하나님의 호의에만 근거한다는 것을 깨닫습니다. 하나님께서는 자비로운 확언과 명령을 통해서 우리로 기도하게 하시고 기도에 대한 열망을 갖도록 하십니다. 그렇게 하여 하나님께서 우리가 기꺼이 구하는 것 보다 얼마나 더 많이 배려하고 우리에게 주고자 하시는지 우리는 알게 되며 담대하게 신뢰를 갖고 기도하는 법을 배우게 됩니다. 하나님께서는 우리가 구하는 모든 것을 주실 뿐만 아니라 구하는 것보다 더 많이 주시기 때문입니다.

하나님의 약속에 대한 확고한 믿음

2. 두 번째로, 참되고 신실한 하나님의 약속을 의심하지 않는 것
이 필요합니다. 마태복음 21장 22절과 마가복음 11장 24절 말씀
처럼, 하나님께서는 응답될 것이라는 확실하고 굳건한 믿음을
갖게 하도록 응답을 약속하셨고 심지어 기도를 명령하셨기 때
문입니다. "그러므로 내가 너희에게 말하노니 무엇이든지 기
도하고 구하는 것은 받은 줄로 믿으라. 그리하면 너희에게 그
대로 되리라." 또한 누가복음 11장 9-13절에서도 말씀합니다.
"구하라 그러면 너희에게 주실 것이요, 찾으라 그러면 찾을 것
이요, 문을 두드리라 그러면 너희에게 열릴 것이니 … 너희 중
에 아비 된 자 누가 아들이 떡을 달라 하면 돌을 주며, 생선을
달라 하면 생선 대신 뱀을 주며 알을 달라 하면 전갈을 주겠느
냐? 너희가 악할 지라도 좋은 것을 자식에게 줄줄 알거든, 하
물며 너희 천부께서 구하는 자에게 성령을 주시지 않겠느냐?"
이처럼 우리는 약속의 말씀, 기도의 명령을 온전히 확신함으
로 바른 신뢰 가운데 기도해야 합니다.

하나님의 응답에 대한 의심의 문제점

3. 만일 어떤 사람이 기도할 때 하나님의 응답을 의심하면서 구한
대로 되든지 되지 않든지 모든 것을 운에 맡기고 기도한다면,
그는 두 가지 나쁜 일을 행하는 것이 됩니다.

첫째, 그는 자신의 기도를 스스로 무효로 만들며 헛되이 기다리는 것이 됩니다. 야고보 사도가 "오직 믿음으로 구하고 조금도 의심하지 말라. 의심하는 자는 마치 바람에 밀려 요동하는 바다 물결 같으니 이런 사람은 무엇이든지 주께 얻기를 생각하지 말라"약 1:6 이하라고 말했기 때문입니다. 그가 의미하는 바는 다음과 같습니다. 의심하는 사람의 마음은 요동치기 때문에, 하나님께서는 그에게 어떤 것도 주실 수 없습니다. 그러나 믿음은 오래 참으며 하나님께서 주실 것을 신뢰합니다.

둘째, 그가 행하는 나쁜 일은, 가장 신실하고 진실한 하나님을 거짓말쟁이로 만들고 또한 약속을 이루실 수 없거나 이루기 원치 않으시는 거짓되고 신실하지 못한 분으로 여긴다는 것입니다. 또한 그의 의심을 통해 하나님으로부터 영예와 신실과 진리라는 명성을 빼앗는다는 것입니다. 이것은 엄청난 죄를 짓는 것입니다. 이 죄를 통해 그는 하나님을 부인하는 꼴이 되어 하나님을 잃게 되고 이방인이 될 뿐입니다. 이 죄에 계속 머문다면, 그는 어떤 위로도 없이 영원히 저주받게 될 것입니다. 혹시라도 간구한 것이 그에게 주어진다면, 그것은 그를 축복하기 위해서가 아니라 한시적 혹은 영원한 해를 주기 위한 것입니다. 이것은 그의 기도 때문이 아니라 하나님의 진노로 이루어진 것입니다. 이로써 그는 죄와 불신앙 가운데, 그리고 하나님의 명예를 훼손하며 언급한 그럴싸한 변명들의 대가를 받게 되는 것입니다.

기도의 근거

4. 만일 자신은 확실히 신뢰하고 싶었지만 기도 응답을 받을 만한 가치와
자격을 갖고 있었더라면 기도 응답을 확신하고 신뢰할 수 있
었을 것이라고 말하는 자들에게 다음과 같이 대답하고자 합니
다.

> 만약 기도 응답받을 가치가 있기 전까지는, 기도 응답을 받을
> 만하다고 느끼거나 경험하기 전까지는 기도하고자 하지 않는
> 다면, 당신은 더 이상 기도할 필요가 없습니다. 왜냐하면 우리
> 의 기도는 앞에서 말한 것처럼 우리의 가치나 기도의 가치에 근
> 거하거나 의존해서는 안되며, 하나님의 약속이라는 절대 동요
> 치 않는 진리를 신뢰해야 하기 때문입니다. 만약 기도가 자기
> 자신이나 다른 어떤 것을 근거로 한다면, 아무리 큰 기도 모임
> 앞에서 마음을 찢고 심지어 핏방울을 흘리며 운다고 할지라도
> 그것은 잘못된 것이고 여러분 자신을 속이는 일일 뿐입니다.

기도할 자격이 없기 때문에 기도한다

우리는 기도할 자격이 없기 때문에 기도하는 것입니다. 우리 자
신은 자격이 없다고 믿고 우리의 모든 신뢰를 오직 하나님께 둠으
로써, 기도할 수 있는 자격과 기도 응답을 받을 수 있는 가치가 있

게 됩니다. 비록 여러분이 자격이 없다고 할지라도, 모든 것은 오직 하나님의 진리를 존중하고 여러분의 의심으로 하나님의 신실한 약속을 거짓으로 만들지 않는 것에 달려 있다는 사실을 주목하고 진심으로 받아들이시기 바랍니다. 여러분의 가치가 여러분을 돕는 것도 아니고, 여러분의 자격 없음이 여러분을 방해하는 것도 아니기 때문입니다. 불신은 여러분을 저주하지만, 신뢰는 여러분을 가치 있게 하고 구원합니다. 여러분 자신을 기도와 기도 응답에 자격이 있거나 가치가 있다고 여기지 않도록 평생 주의하기 바랍니다.

하나님의 자비와 진리

여러분은 은혜로우신 하나님의 진실하고 확실한 약속을 마치 대담한 모험가처럼 신뢰해야 합니다. 하나님께서는 자비를 다음과 같이 계시하십니다. 자격이 없는 무가치한 여러분에게 구하지 않았는데도 응답을 약속하신 하나님께서는, 자격 없이 기도하는 여러분에게 순전한 은혜로 자신의 진리와 약속을 위해 응답하고자 하십니다. 그렇게 하여 여러분은 여러분의 가치가 아니라 약속을 이루시는 하나님의 진실과 응답하시는 자비에 감사하게 되고, 시편 25편의 말씀이 이루어집니다.[48] "여호와의 모든 길은 인자와 진리", 즉 약속을 통한 자비요, 약속의 성취와 응답을 통한 진리입니다. 시편 85편도 동일합니다. "긍휼과 진리가 같이 만나고 의와 화평이 서로 입 맞추었으며"시 85:10, 즉 자비와 진리는 우리가 간청하는 모든 일과 선물에서 같이 만나게 됩니다.

기도 응답을 기다리는 바른 태도

5. 이런 신뢰 가운데 다음과 같이 행하기 바랍니다. 하나님 앞에
서 당신 스스로 목표를 정하고 기도 응답에 대한 날과 장소, 방
식과 분량 역시 스스로 정하는 것이 아니라, 모든 것을 하나님
의 뜻과 지혜와 전능하심에 맡기기 바랍니다. 또한 기도 응답
이 어떻게, 어디서, 얼마나 빨리, 얼마나 오랫동안, 어떤 수단
을 통해서 이루어질 것인지 알려고 하지 말고, 단지 새롭고 확
신에 찬 마음으로 응답을 기다리기 바랍니다. 그분의 거룩한
지혜는 우리와는 비교할 수 없을 정도로 기도 응답 방법과 정
도, 시간과 장소를 더 잘 찾으십니다. 그런 하나님께 맡기면 구
약에서의 기적 사건들도 일어나게 될 것입니다.

이스라엘 자손들이 어떤 가능한 방법도 눈에 보이지 않고 아
무 생각도 못하고 있는 상황에서도 하나님께서 자신들을 구원
하실 것이라고 신뢰했을 때, 홍해가 갈라졌고 자유로운 길이
열렸고 모든 적이 한 번에 익사 되었습니다.[49] 또한 성녀 유디
트[50]는 하나님께서 자신들을 돕지 않는다면 5일 후에 도시를
넘겨주겠다고 말하는 베트리아 사람들을 꾸짖었습니다. 유디
트는 다음과 같이 말했습니다. "너희가 감히 하나님을 시험하
느냐? 그것은 은혜를 얻는 행동이 아니라, 오히려 분노를 일으
키는 일이다. 너희를 측은히 여기실 하나님의 시간과 날을 너

희 스스로 정하고자 하느냐?" 유디트 8:10이하 하나님께서는 그녀
가 위대한 홀로페르네스의 머리를 자르고 대적들을 물리치도
록 놀랍게 도우셨습니다. 사도 바울도 다음과 같이 말합니다.
"우리의 온갖 구하는 것이나 생각하는 것에 더 넘치도록 능히
하실 이에게." 엡 3:20 그러므로 시간, 장소, 방법, 정도, 그리고
그 밖의 구하는 상황에 대해 한계를 스스로 정하고 말할 수 있
기에는 우리 자신이 너무나 보잘것없음을 인식해야 합니다.
그리고 하나님께 모든 것을 맡기고, 그분이 우리의 기도를 들
으실 것이라는 사실을 확고하게 믿어야 합니다. 이하 중략

1) '교리문답'은 기독교 전통에서 세례예식을 준비하는 교리교육과 예식 행위를 의미했다. 루터에게는 그리스도인의 믿음에 대한 기초교육, 기초교육을 위한 교육자료(가르침의 내용), 그리고 그리스도인이 알아야 할 내용을 담은 책(교리문답서)이라는 의미로 사용되었다.

2) WA TR 5, Nr. 6288.

3) 루터는 교리문답의 세 요소를 일반적으로 십계명–사도신경–주기도문 순서로 강해하였다. 이것은 중세교회에서 보편적으로 인정된 주기도문–사도신경–십계명의 순서에 의도적으로 대립한 것으로 볼 수 있다. 중세교회가 십계명을 종교적 계명의 최고성취라고 보았다면, 루터는 계명을 본질적으로 죄를 깨닫게 하는 도구('usus elenchticus')의 관점에서 해석하였다.

4) WA 7,204,13–18.

5) 참조. A. Peters, Kommentar zu Luthers Katechismen, vol. 1 : Die Zehn Gebote (Göttingen : Vandenhoeck & Ruprecht, 1990), 41.

6) 『소교리문답』은 십계명, 사도신경, 주기도문, 세례, 열쇠의 직무와 참회, 성만찬, 기도, 의무표 (그리고 부록으로 혼례 및 세례 소책자)로 구성되어 있다.

7) J. T. Pless, Praying Luther's Small Catechism. The Pattern of Sound Word (Saint Louis : Condordia Publishing House, 2016), 1.

8) 루터의 십계명 목록은 오늘날 한국교회의 그것과 다르다. 루터는 우리가 사용하는 제1계명과 제2계명을 제1계명으로 간주하였다. 우상에 관한 계명은 별도의 계명이 아니라 제1계명의 일부로 본 것이다. 또한 우리가 사용하는 제10계명을 둘로 나누어 이웃의 아내를 탐내는 것에 관한 계명을 제9계명으로, 이웃의 재산을 탐내는 것에 관한 계명을 제10계명으로 분류하였다.

9) 십계명 강해에서 가장 눈에 띄는 것은 "우리는 하나님을 두려워하고 사랑하여 … 해야한다"라는 문구의 반복이다(제2–10계명). 이 문구는 한편으로 제1계명의 강해를 취한 것이고, 다른 한편으로는 제1계명의 부록 역할을 하며 계명들을 요약하는 결론(십계명 마지막 강해 부분)을 수용한 것이다. 루터가 제1계명의 강해를 다른 아홉 계명의 강해에서 계속 반복하는 이유는, 계명들과 그것에 대한 순종의 문제에서 제1계명 성취의 관건은 하나님과의 관계라는 사실을 분명히 보여주고자 함이다. 루터는 하나님에 대한 두려움과 사

랑이 계명의 성취에 있어 결정적이라고 보았다. 단순히 이 행위를 하거나 저 행위를 하지 않는 것, 다시 말하면 행위의 양이 중요한 것이 아니라, 하나님 을 두려워하고 사랑하는, 하나님과의 바른 관계로부터 나오는 행위의 동기 가 중요하다는 것이다. 아홉 가지 계명뿐만 아니라 제1계명을 성취하게 하 는 "모든 것보다 하나님을 더 두려워하고 사랑하고 신뢰해야 한다"는 말씀은 근본적으로 믿음에 관한 루터식 표현이다. 믿음은 루터에게 있어 제1계명의 성취이다. 이것은 제1계명뿐만 아니라 다른 계명들에도 모두 적용되기 때문 에, 하나님의 계명들은 결국 믿음으로 성취된다고 말할 수 있다.

10) 하나님이 창조하신 질서를 거스리는 초자연적인 힘을 사용하는 행위.

11) 여기서 '설교'와 '하나님의 말씀'을 병렬관계로 연결하고 있는 것은 특이하 다. 이것은 '설교, 즉 선포되는 설교 안에 있는 하나님의 말씀'을 의미한다. 설교에서 하나님의 말씀을 소홀히 여겨서는 안 되고 오히려 거룩하게 다루어 야 한다. 이 부분에 해당하는 『대교리문답』은 안식일에 가장 중요한 일은 말 씀을 선포하는 설교라고 보며 하나님의 말씀을 소홀히 여긴다는 것은 '(하나 님의 말씀을) 듣거나 배우고자 하지 않는 것'으로 해석한다. 또한 단지 습관 을 쫓아 설교를 들으러 가며 하나님의 말씀을 진심으로 듣거나 배우고자 하 지 않는 자들을, 탐욕이나 방탕으로 인해 예배에 가지 않는 자들과 동일하게 여기며 하나님의 말씀을 모독하는 것으로 본다.

12) 기독교 교회는 전통적으로 사도신경을 (12명의 사도에 따라) 12개 조항으 로 나누어 다루었지만, 루터는 삼위일체 하나님에 따라 세 부분으로 나누어 다루었다.

13) 한국 개신교에서 사용하는 사도신경에는 '음부에 내려가시고'라는 구절이 없다. 이 구절은 공인된 원문(Forma Recepta)에는 있지만 다른 많은 본문에 는 없다. 예수 그리스도가 십자가의 죽으심과 부활 사이의 사흘간 무엇을 하 셨는지는 알 수 없지만, 음부에 내려가셨다는 사실은 성경에 근거하는 것이 다(벧전 3:18-20). 음부에 내려가셨다는 고백은 문자적으로 예수 그리스도 께서 음부에 가셔서 복음을 전파하셨다고 해석되기도 하고, 예수 그리스도 가 십자가에서 겪으신 영적인 시련을 상징적으로 표현한 것이라는 견해도 있 다.

14) '성화'란 성령의 역사를 통하여 개인의 삶 속에서 새롭게 되어가는 과정을 나타낸다. 우리는 그리스도의 의의 전가에 의해서만 의롭게 된다. 그리스도 에 대한 믿음만이 죄인을 하나님 앞에 서게 하고 하나님을 기쁘시게 해드린 다. 하지만 동시에 참된 믿음은 사랑으로 역사한다. 그래서 그리스도인은 자 발적으로 즐거움을 가지고 값없이 이웃을 사랑하며 선행을 한다.

15) 이 소책자는 1535년 출판되어 그 해에 총 네 판이 인쇄되었다. 이 소책자 의 첫판은 1535년 비텐베르크의 한스 루프트(Hans Lufft)의 인쇄소에서 『좋 은 친구를 위해, 간단하게 기도하는 방법』이라는 제목으로 출판되었다. 그

이후 신속하게 뉘른베르크(Nürnberg)와 아우크스부르크(Augsburg)에서 출판되었고, 다시 1535년 루프트에 의해 새로운 판이 출판되었는데, 이 책자의 마지막 부분에 사도신경이 첨부되었다.

16) 이에 대해 우선 마르틴 루터/ 최주훈 역, 『대교리문답』 (서울: 복있는사람, 2017), 233 이하 참조.

17) 루터는 교리문답이나 다른 강해에서 세 요소를 십계명-사도신경-주기도문의 순서로 강해하였다. 하지만 이 책에서는 주기도문이 먼저 나오는데, 이것은 기도라는 작품의 목적에 따른 것으로 보인다.

18) 이를 위해서는 부록에 있는 '기도에 관한 설교'를 참조하시오.

19) 시편과 경건을 위한 자료들을 포함하고 있는 책자로 중세시대 이후로 경건책자로 널리 사용되었으며 '작은 성경' 혹은 '성경핸드북'으로 간주될 수 있다.

20) 서방의 4대 교회스승(doctor ecclesiae) 가운데 하나로 성서를 라틴어로 번역하였다(Vulgata 성서).

21) 루터는 누가복음 11장 9-13절을 자유롭게 요약하고 있지만 실제로는 데살로니가전서 5장 17절을 인용하였다.

22) 루터는 이것을 간구로 보지 않았기 때문에 이에 관해 설명은 하지 않았다.

23) 원래 본문에는 '터키인'으로 되어 있다.

24) "사람이 회개하지 아니하면 그가 그의 칼을 가심이여 그의 활을 이미 당기어 예비하셨도다. 죽일 도구를 또한 예비하심이여 그가 만든 화살은 불화살들이로다. 악인이 죄악을 낳음이여 재앙을 배어 거짓을 낳았도다. 그가 웅덩이를 파 만듦이여 제가 만든 함정에 빠졌도다. 그의 재앙은 자기 머리로 돌아가고 그의 포악은 자기 정수리에 내리리로다."

25) 당시 황제는 칼 5세(Karl V, 1500-1558)였다.

26) 이 당시 루터의 영주는 작센의 선제후 요한 프리드리히(Johann Friedrich, 1503-1554)로 개신교의 강력한 후원자였다.

27) "자기 허물을 능히 깨달을 자 누구리요 나를 숨은 허물에서 벗어나게 하소서."

28) 묵주기도.

29) 참조. 전도서 5장 1절; 집회서 18장 23절. - 루터의 인용 구절은 집회서에 더 가깝다.

30) 정시기도는 성무일과(聖務日課)라고도 불리는 수도사의 일과이며 시편, 기도, 강독, 찬송 등으로 구성되어 있다.

31) "주님을 찬양하라"라는 의미로 정시기도 시간에 불린 시편을 가리킨다.

32) 루터는 오늘날 우리가 사용하는 십계명 제1계명과 제2계명을 제1계명으로 간주하였다.

33) 잠언 18장 10절: "여호와의 이름은 견고한 망대라 의인은 그리로 달려가서 안전함을 얻느니라."

34) 시편 119편 18절: "내 눈을 열어서 주의 율법에서 놀라운 것을 보게 하소서."

35) 참조. 마태복음 9장 38절: "그러므로 추수하는 주인에게 청하여 추수할 일꾼들을 보내 주소서 하라 하시니라."

36) 참조. 디모데전서 2장 1-2절: "그러므로 내가 첫째로 권하노니 모든 사람을 위하여 간구와 기도와 도고와 감사를 하되, 임금들과 높은 지위에 있는 모든 사람을 위하여 하라 이는 우리가 모든 경건과 단정함으로 고요하고 평안한 생활을 하려 함이라."

37) 이 구절의 출처에 대해서는 다양한 의견이 있다(집회서 9장 14절, 22장 23절 등).

38) 요한복음 8장 44절을 암시하며 사탄을 의미한다.

39) 고삐가 풀린 동물의 성적 본능을 의미한다.

40) 참조. 로마서 8장 19-23절.

41) 루터는 우리가 사용하는 십계명 제10계명을 제9계명과 제10계명 둘로 나누었다.

42) 수정 증보판에서는 이 문단("지금까지 ... 것입니다") 대신에 다음 문장이 들어가 있다. "시간이 있거나 하고자 하는 마음이 있는 자는 또한 사도신경을 네 개의 화관으로 만들 수 있습니다. 그런데 사도신경은 이전 교리문답에서 나뉜 것처럼 신적인 위엄의 세 인격에 따라 세 개의 주요 부분 혹은 항목을 갖고 있습니다."

43) 참조. 히브리서 11장 3절: "믿음으로 모든 세계가 하나님의 말씀으로 지어진 줄을 우리가 아나니 보이는 것은 나타난 것으로 말미암아 된 것이 아니니라."

44) 루터가 사용한 '영혼의 기쁨 동산'(Soul's garden of pleasure)이라는 문구는 당시 독자들에게 친숙한 용어로, 1498년 슈트라스부르크에서 출판된 대중적인 가톨릭 기도서("Hortus animae")의 명칭과 같다. 이것은 일종의 경건 책자로서 예식적인 경건을 목적으로 하는 다양한 기도들을 담고 있다.

45) 루터는 '우리를 위한 그리스도'(Christus pro nobis)를 믿는 믿음을 강조한다. 그리스도께서는 우리를 대적하시는 분이 아니라 우리를 위한 분이다. 그리스도께서 '나를 위해', '우리를 위해' 주어진 선물임을 믿는 것이 바른 믿음이다.

46) 손으로 십자가 성호를 긋는 것은 고대 기독교회의 관습이었다. 루터는 이 관습을 유지하였지만, 이 관습은 이후 루터교회에서 보편적인 것이 되지는 않았다.

47) "Benedicite"는 식사 전에 하는 기도의 이름으로 수도원 전통으로부터 온
    것이다.

48) 시편 25편 10절: "여호와의 모든 길은 그의 언약과 증거를 지키는 자에게
    인자와 진리로다."

49) 참조. 출애굽기 14장.

50) 구약성서 외경에 나오는 유디트는 베트리아를 포위하던 아시리아 장군 홀
    로페르네스(Holofernes)의 막사에 들어가 그를 유혹하여 하룻밤을 같이 보낸
    후, 그의 목을 베고 베트리아를 구했다.